環状列石ってなんだ

御所野遺跡と北海道・北東北の縄文遺跡群

御所野縄文博物館 編

新泉社

御所野遺跡の配石遺構群

御所野遺跡の配石遺構群。右後方が茂谷山。
馬淵川を越えて、縄文人がこの山から花崗岩を運んできた

配石遺構と中央の20×30mの広場

端に立石をもつ楕円形の組石

円形の組石の端に70×150cmの花崗岩（立石）

70 × 130 × 5cm の板状の花崗岩（立石）

円形の組石（中央）と方形の組石（左手前）を連結した配石遺構

配石遺構周辺の小判形の墓坑群と掘立柱建物の柱穴群

柱穴内の炭化したトチノキ種子とクリの子葉（壁面に黒く点々と見える）

東側の配石遺構群と復元された掘立柱建物・木柱列

北東端の配石遺構群に対応する復元された掘立柱建物

立石のある配石遺構と復元された掘立柱建物・木柱列

東端中央の深く掘られた太い柱列

大湯環状列石

掘立柱建物跡とともに同心円状配置となる万座環状列石

円形サークルの中央に80cmの立石（日時計型組石、野中堂環状列石）

伊勢堂岱遺跡

4つの環状列石と掘立柱建物跡・土坑・貯蔵穴などが見つかっている

5kmほど離れた河川の石でつくられた環状列石

大森勝山遺跡

岩木山麓に広がる径50 × 39mの楕円形の環状列石

山麓を削平後に調整された緩斜面に配置した組石群

小牧野遺跡

造成した平場や斜面に立体的につくられた三重の環状列石

内帯と外帯には主に平らな石を縦横に規則的に配置している

鷲ノ木遺跡

駒ヶ岳を望む直径30mを越す大規模な円形の環状列石

太師森遺跡

台地上の径40mの楕円形の環状列石で下部に墓坑をともなう

環状列石の内側に並列している組石石棺

荒谷A遺跡

径30mの環状列石内側の環状配石で、下から人骨とともに土器棺が出土

環状配石の端の立石

下村B遺跡

川原石を3段に積んだ石室状の土坑

円形土坑群

土坑中に埋設されていた土器棺

倒置の状態で埋められた土器棺

環状列石ってなんだ

目次

◎口絵

御所野遺跡から環状列石を読み解く　高田和徳……24

世界遺産としての縄文文化　小杉　康……50

埋めない墓：環状列石と墓　小林 克……89

縄文人と神話的世界観　大島直行……120

環状列石ってなんだ

御所野遺跡と北海道・北東北の縄文遺跡群

御所野遺跡から環状列石を読み解く

高田和徳（御所野縄文博物館館長）

北の環状列石

縄文人にとって津軽海峡は交流の障害とはなりませんでした。北海道南部と北東北の縄文人は、一万年以上、海峡を行き来することで文化的な一体感を醸成してきました。そのことを示す考古学的な資料はいくつもありますが、最も端的に表しているのが、縄文時代後半にこの地域に広く分布した大規模環状列石（ストーンサークル）です。石を一定の形に並べたものを組石として、それのまとまりを配石遺構、配石遺構が列をなして環状となるものを環状列石と呼びます。

代表的な遺跡として秋田県鹿角市にある特別史跡大湯環状列石があります。川原石を組み合わせた配石遺構が、径四〇メートルほどの環状に配置された万座環状列石と野中堂環状列石があり、いずれも環状列石の外側に掘立柱建物跡や貯蔵穴、土坑などをともなっています。

同じような環状列石は、秋田県北秋田市の伊勢堂岱遺跡、岩手県二戸市の荒谷A遺跡、青森県平川市の太師森遺跡、青森市の小牧野遺跡・稲山遺跡、弘前市の大森勝山遺跡、さらに北海道森町の鷲ノ木遺跡、小樽市の忍路環状列石など、岩手・秋田両県の県北部から青森県、さらには北海道の道南まで分布しています。いずれも縄文時代後期と晩期の遺跡です。

このような環状列石は、四〇〇〇年前になって突然出現したものではなく、縄文時代の社会の変化にともなって生まれてきたと考えられていますが、その経緯を最もよく説明できるのが、岩手県北部の御所野遺跡と周辺の遺跡群です。ここでは御所野遺跡の縄文むらのうつりかわりを紹介しながら大規模な環状列石がつくられた背景について考えてみます。

御所野遺跡と配石遺構群

御所野遺跡は岩手県北部の一戸町にある縄文時代中期後半の遺跡です（図1）。北上山地北部を水源として、青森県八戸市で太平洋に注ぐ馬淵川の河岸段丘面の東西五〇〇メートル、南北一二〇メートルの遺跡で、今から五〇〇〇年前から四二〇〇年前まで、おおよそ

図1　御所野遺跡の位置

八〇〇年以上続いた縄文時代のむらの跡です（年代の表記には二通りあります。ひとつは炭素年代測定の測定値をそのままであらわす年代と、もうひとつは暦年にあうように較正した年代です。今回提示した年代は後者です）。

遺跡は台地のほぼ全面に分布していますが、南北に最も広がった中央部の北側は、縄文時代の土木工事により削られた東西九〇メートル、南北五〇メートルに川原石が大量に散在していました。川原石の中には、一定の形に並べられたものがあり、配石遺構と呼んでいます。全体の配置にも一定の規則性があり、いくつか集合して群をなしています。御所野遺跡にはこのような配石遺構群が東西二か所にあることから、それぞれ東側の配石遺構群、西側の配石遺構群と呼んでいます（図2）。

東側は、直径四〇×二五メートルと東西に長く、中央の空白地外側に配石遺構が分布しています。それぞれの配石遺構は、一～二メートル前後に円形や楕円形に川原石を並べていますが、なかには一端に長さ一・五メートルほどの巨石が横たわっているのもあります。巨石は、もともとは直立していたと考えられますが、石質を鑑定したところ、馬淵川対岸

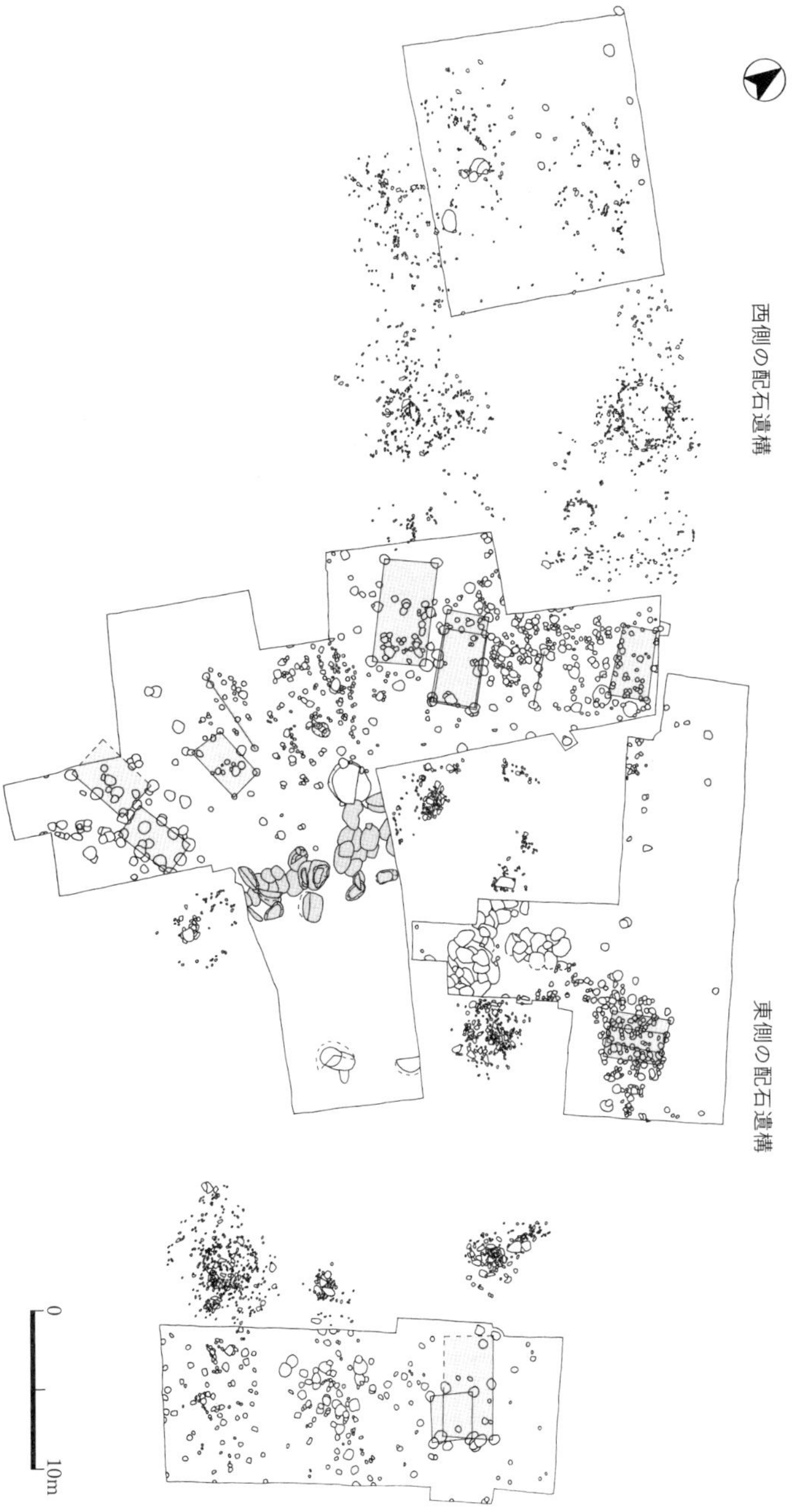

図2　御所野遺跡の配石遺構群

図3　御所野遺跡から見た茂谷山

の茂谷山の花崗岩（石英モンゾニ岩）であることが明らかになりました。縄文人が二キロほど離れた対岸から馬淵川を越えて運んできたことになります。茂谷山は伏鉢のようなドーム型の山で、同じような山は北東北から北海道の各地に分布しており、モヤ、あるいはモイワなどとも呼ばれ、神聖な山として知られています。

西側も同じく中心部に空白地があり、東西一六×南北九メートルの範囲に配石遺構が環状に分布しています。個々の遺構は、環状、弧状、列状となり、形態は東側の配石遺構群とは異なっています。なかには直径五メートルほどの環状となる単独の組石もありますが、複数がまとまってひとつの遺構となる例もあります。

以上の東西二か所の配石遺構群以外でも、南側の盛土遺構の緩やかな斜面に単独の組石がいくつかありますが、いずれも規模が小さく、石が抜かれたのか形もやや不規則になっています。

配石遺構群周辺の調査

東側の配石遺構群周辺では、関連するいくつかの遺構を調査しており、全体の構造が明らかになってきました。中央から西側のトレンチでは、径一メートル前後の土坑が数基連なっており、さらにその北側まで連続しています。その外側には柱穴群が広がり、二間×一間の建物跡となるものもあります。すなわち中央の空白地の外側に配石遺構と土坑、その外側に建物跡などの柱穴群が幅一〇メートル前後の幅で環状に分布することがわかりました（図4）。

最も外側の柱穴群について検討してみます。次の三種類に分類できました。おおよそ直径が五〇センチで、深さ七〇センチ以上（A群）、直径七〇センチで、深さが一メートル以上（B群）、直径二〇センチで深さ四〇センチ以下（C群）などの柱穴です。A群の柱穴は六本柱で長方形配置となることから掘立柱建物跡にともなう柱穴、B群は規模は大きいが対応する柱がないことから単独の柱穴、C群は小規模な浅い杭状の柱穴となります。

掘立柱建物跡は八棟確認しています。いずれも一間×二間の六本柱で、長軸が中央の空白地を指す環状の配置となり、個々の配石遺構に対応します。興味深いのは、そのうちの

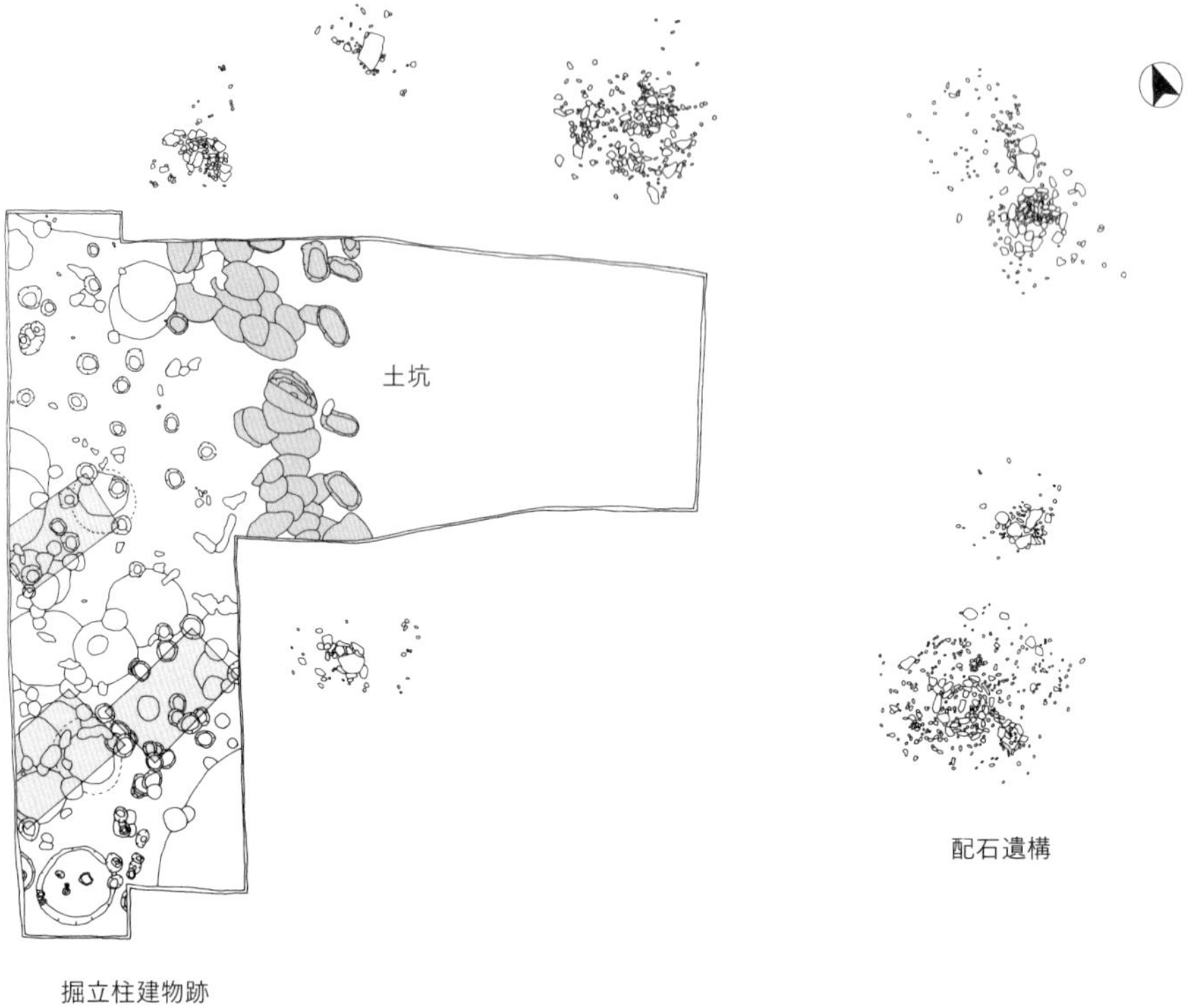

図4　東側の配石遺構群

一棟で、抜き取った柱穴から大量の炭化したトチノキ種子が出土しました。炭化したトチノキ種子は周辺の炉跡などでも大量に出土していますが、いずれも意図的に炭化させているることから、祭祀的な行為にともなうものと考えることができます。以上から掘立柱建物は、一般的な居住用の建物ではなく、特別な時に一時的に使用する建物、と考えられます。

B群には柱の痕跡が直径四五センチ、深さ一六〇センチの柱穴を確認しており、巨大な柱が建っていたことになります。北端で三本、東端で二本並立していることから墓域への入口施設とも考えられます。杭状の柱穴Cは、掘立柱建物跡の周辺に多く分布することから、建物の建設や解体などにともなう柱穴とも考えられます。そのほか北側の骨片を含む大規模な焼土の周辺に集中することから、動物の骨を焼く祭祀的な儀礼にともなう施設とも考えられます。

御所野遺跡の時期

御所野むらは五〇〇〇年前から四二〇〇年前までのおよそ八〇〇年間続いたと述べましたが、この八〇〇年以上続いたむらの移り変わりを整理しながら御所野遺跡の配石遺構群がどのような経緯でつくられたのか考えてみます。

御所野遺跡の時期は大まかにI〜V期の五時期に区分していますが、最近さらに情報が

表１　御所野遺跡の時期区分

	時期	土器形式
5,000年前	Ⅰ期	円筒上層ｃ式
	Ⅱ－1期	円筒上層ｄ式
4,800年前	Ⅱ－2期	円筒上層ｅ式
	Ⅲ－1期	大木8b（古）式併行
4,700年前	Ⅲ－2期	大木8b（新）式併行
	Ⅳ－1期	大木9（古）式併行
4,500年前	Ⅳ－2期	大木9（新）式併行
	Ⅴ－1期	大木10（古）式併行
4,200年前	Ⅴ－2期	大木10（新）式併行

増えたこともあって、Ⅱ～Ⅴの各時期をそれぞれ前後に二分して八期としています（表1）。各時期の年代を整理すると、Ⅱ期からⅤ期までの遺構から得られた年代が八〇〇年ですから、各時期をおおよそ一〇〇年という目安で考えてよさそうです。八〇〇年続いた御所野むらで、むらが大きく変わったのが二回あります。最初はⅢ期の後半で、より南の文化圏からの影響を強く受けてむらの構成が大きく変わりました。もう一回はⅤ期で、御所野の台地に集中していたむらが周辺に分散していきます。

大木式土器文化の北上

御所野遺跡は、青森県を中心に岩手・秋田両県の県北から北海道南部をその範囲とする円筒土器文化圏の中に位置します（図5）。円筒土器文化は七〇〇〇年前の縄文時代前期中ごろから五五〇〇年前の中期中ごろまで継続しており、六〇〇〇年前ごろに最も勢力が拡大し、北は北海道道央まで、南は北陸地方にまで分布範囲が広がります。同じころ、岩手・秋田の県南部は仙台湾を中心とする大木式土器文化圏に含まれていました。

この南北の二つの文化圏の境界は時代によって変動していますが、御所野遺跡のあった縄文時代中期では、馬淵川と北上川との分水嶺である一戸町の奥中山周辺でした。御所野遺跡はⅢ期前半のころまで円筒土器文化圏では最も南に位置し、大木式土器文化圏に接した遺跡だったこともあり、御所野遺跡や隣接する馬場平遺跡では、大木式土器文化圏から持ち込まれた土器がたびたび出土していました。

ところがⅢ期の後半になると、南からの影響が一気に強まり、大木式土器が出土するだ

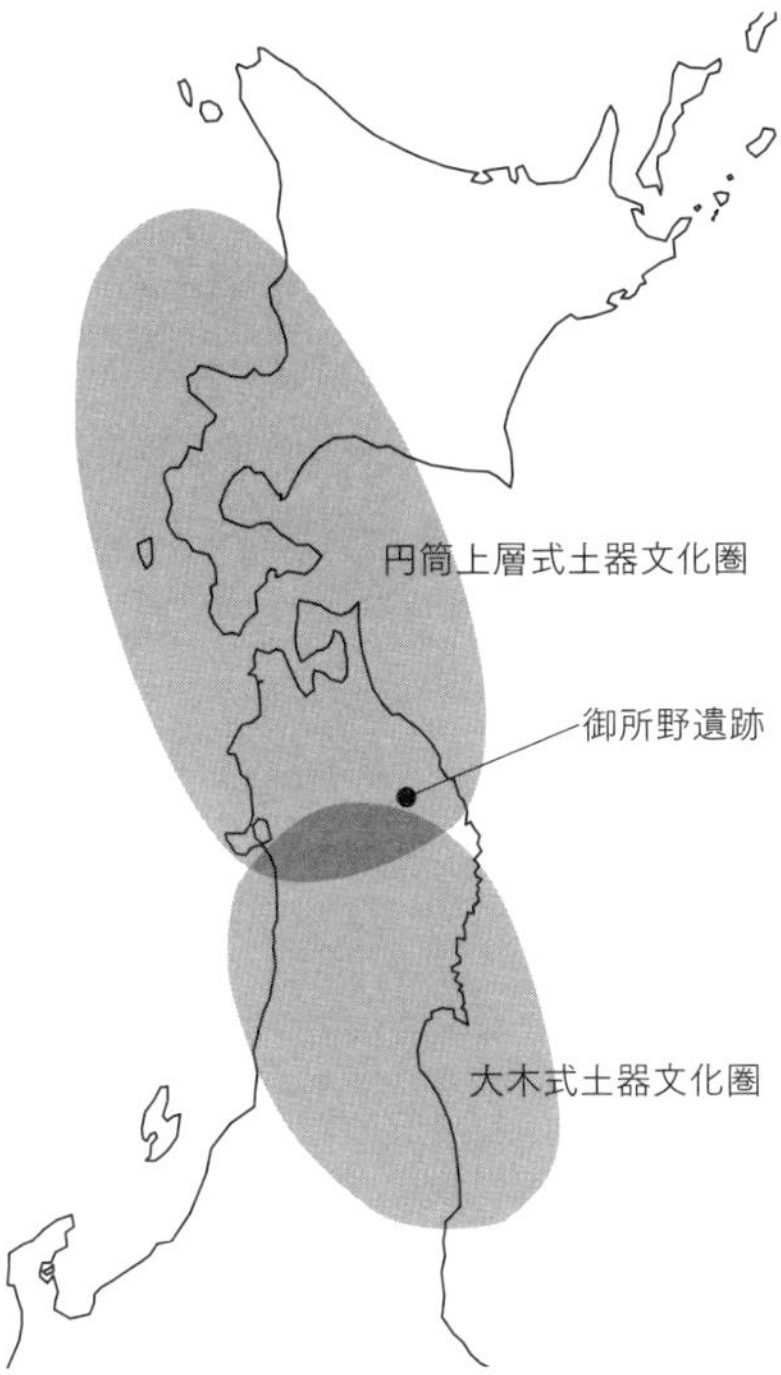

図5　縄文時代中期の文化圏

けではなく、大木式土器の強い影響を受けた土器（大木系土器）を地元でつくるようになります。このような大木式土器文化圏からの影響は、土器だけではなく、むらづくりにも及びました。

土地造成と環状集落の形成

大木式土器文化圏からの影響で御所野むらはどのように変わったのでしょうか。

馬場平遺跡や御所野遺跡では、Ⅱ期からⅢ期前半にかけて、大型竪穴を中心として中・小型竪穴の組み合わせのグループ（集団）があったと考えられています。

馬場平遺跡の最も新しい時期、Ⅲ期前半の竪穴群は次のようになります（図6a）。一二メートル×七メートルの大型竪穴を中心として、中・小型竪穴五～六棟のグループが形成されていたと考えられ、大型竪穴一棟の床面積が七〇～九〇平方メートルで、中・小型竪穴の合計もほぼそれと同じ面積となります。つまりひとつのグループで一五〇平方メートル以上の施設を利用する集団を想定できます。大型竪穴を中心とした集落構成は、馬場平遺跡のⅡ期の前半から継続しますが、御所野遺跡でも東、中央、西の微高地に、大型竪穴が分布することから、同じような組み合わせを想定できます。

以上の竪穴群は大型竪穴を中心として横に連なっていますが、このような配置は円筒土

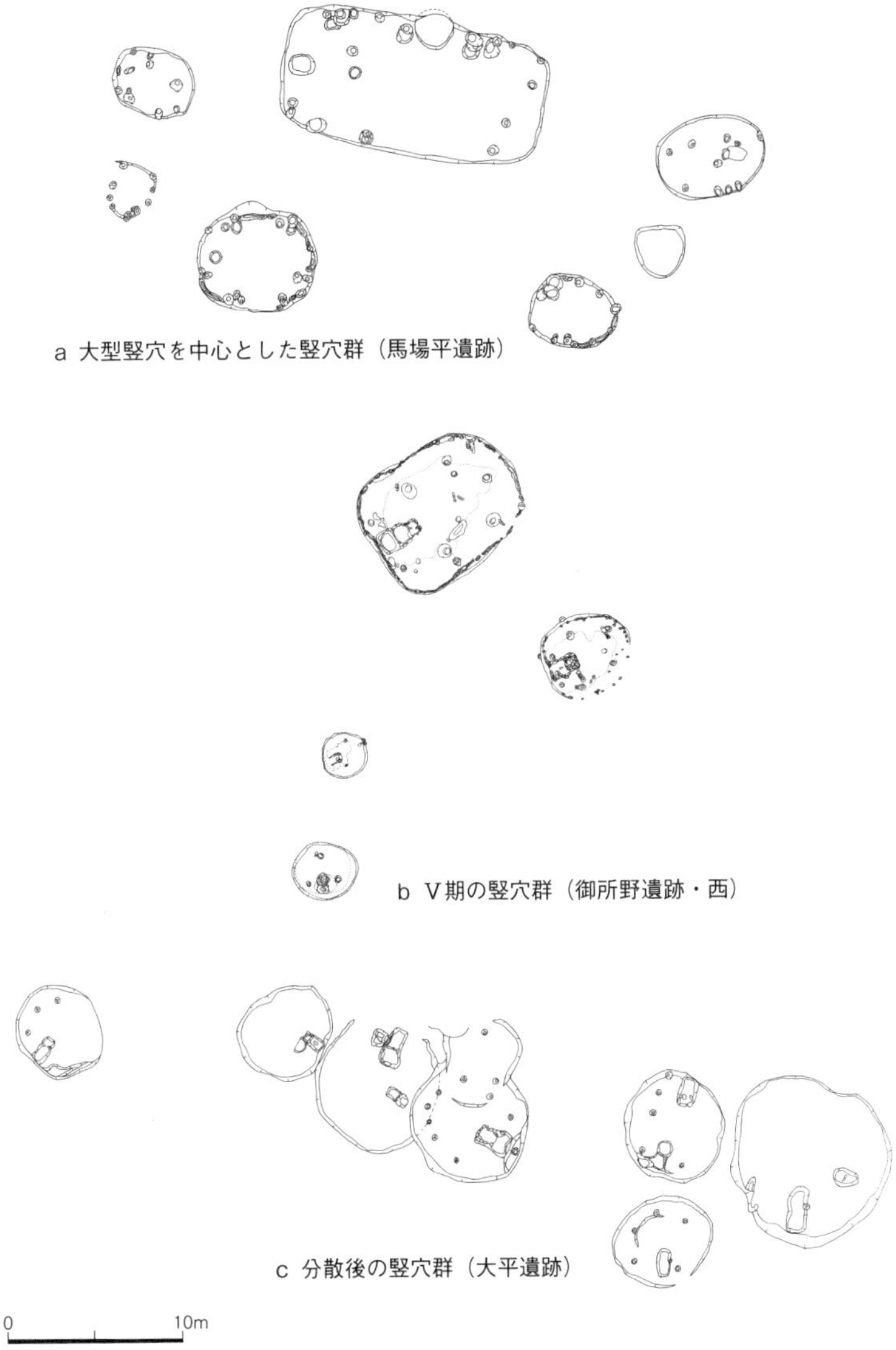

図6　竪穴建物の変遷

器文化圏のむらのひとつの特徴となっています。このような列状の竪穴群のまとまりは、馬場平から御所野にかけて少なくとも四～五か所あり、しかも大半が重複しています。以上から、このような大型竪穴を中心とした竪穴群のまとまりは、同時期に複数あった可能性が強いです（図7）。

ところがⅢ期後半になると、このような東西に列状に連なる竪穴群はみられなくなり、中央部に集中します。その際あらかじめ中央部の北側を広範囲に削り、その土を南側に高く盛り上げていました（盛土）。縄文時代の大土木工事です。削られた北側の平坦部は、中央をほとんど遺構のない広場とし、周囲に墓と考えられる土坑、さらにその外側に竪穴が密集するという、いわゆる環状集落が出現します。このような環状集落は、岩手県のほぼ中央に位置する紫波町の西田遺跡などに見られることから、大木式土器文化圏からの影響と考えられます。

南の文化圏からの強い影響は、土器づくりではそのまま継続されますが、むらの構造はⅣ期になるとまたもとに戻ります。つまり中央広場や墓を中心として、東、中央、西に大型竪穴を中心とした竪穴群が分布するようになります。このようなむらづくりの変遷をみると、北の円筒土器文化圏の伝統が根強かったことを示しています。

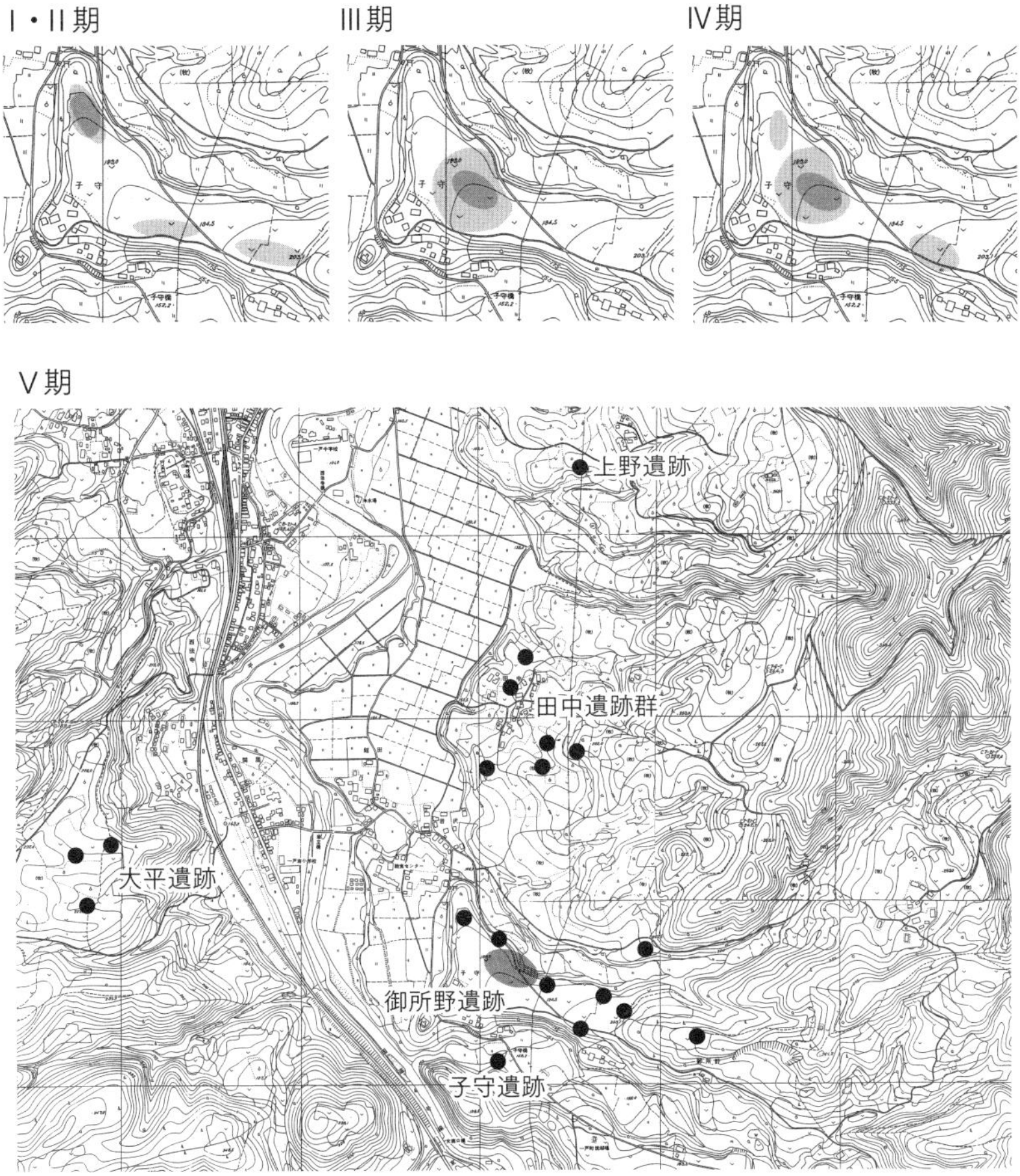

図7　御所野むらの集落変遷図

御所野からの分散

Ⅴ期になると竪穴建物の立地が大きく変わります。御所野遺跡の中でも、東側の丘陵地や東北端など、それまでなかったところにつくられるようになります。

この時期の竪穴群のまとまりは遺跡の西側で確認しています。いずれも焼失竪穴ですが、大型竪穴一棟を中心として、中型一棟、小型二棟の四棟です（図6b）。大型竪穴の床面積は四七平方メートルで、Ⅲ期前半の大型竪穴と比較するとほぼ二分の一、四棟全体の面積でも六三平方メートルとなり、同じく半分以下になります。竪穴群のまとまりは、大平遺跡のⅧ区でも確認していますが、同時期のものは多くて三棟、大半は二棟となります。三棟としても八〇平方メートルとなります（図6c）。以上から、分散した後の竪穴のまとまりは、おおよそ三～四棟、総面積で六〇～八〇平方メートル規模となり、竪穴数がかなり減少したことを示しています。

このような竪穴群の構成の減少とともに、御所野遺跡の周辺ではこの時期一気に遺跡が増えます。対岸の大平遺跡のほか、御所野遺跡北側の田中遺跡群、その北側の上野遺跡、さらに南側の子守遺跡なども御所野から分散した集落跡と考えられます（図6）。

中期末から後期初めにかけてのこのような社会の変化は、御所野遺跡周辺だけでなく、東北地方北部、あるいは縄文社会全体に関わる大きな変化と言われています。実はこの時期までに段階的に進んだ寒冷化が、縄文人が利用する自然環境を大きく変えたようです。このような環境変動により御所野むらも変わらざるを得なかったということだと思います。

配石遺構群の出現

御所野遺跡の配石遺構はいつごろ構築されたのでしょうか？

配石遺構周辺からはⅢ期後半からⅤ期までの土器が出土していますが、いずれも破片が多く、必ずしも構築時期を特定できるような資料とはならないようです。ここでは最初に中央広場の周辺に分布する竪穴建物跡、土坑、掘立柱建物跡などの遺構群の時期を検証し、その後で配石遺構の時期を考えてみます。

各遺構の中で最も新しいのは掘立柱建物跡などにともなう柱穴群です。Ⅲ～Ⅳ期の竪穴建物跡や土坑を掘り込んで構築しています。このことは東・西、北の各トレンチでも同じで、東のトレンチでは、Ⅴ期後半の竪穴より新しい柱穴もあります。

以上から、造成工事後広場の周辺には竪穴建物や土坑などが構築されて環状の集落が形成された後、同じ場所に掘立柱建物跡や単独柱、さらには祭祀にともなう柱などが構築されたという変遷を想定できます。すなわち掘立柱建物などが構築されるのはⅤ期になってからと考えられます。

掘立柱建物跡は、広場の北、東、西、それぞれで確認していますが、いずれも各配石遺構に対応することから、御所野遺跡では、掘立柱建物と配石遺構がそれぞれ密接に関連する施設で、いずれもV期になってから構築されたと考えられます。V期になると御所野のむらは周辺に分散をはじめており、それと呼応するように御所野遺跡北側に新たに配石遺構と掘立柱建物が構築され、分散した周辺遺跡群共同の祭祀場・墓域になったと推定されています。

配石遺構群から環状列石へ

御所野遺跡の配石遺構群は中期末で終了しますが、それに後続する遺跡として、馬淵川の九キロほど下流にある下村B遺跡と荒谷A遺跡（いずれも二戸市）があります（図8）。中期後半から後期前半の遺跡で、周辺には同時期の遺跡が多く分布しています。

下村B遺跡では、長さ三〇メートルの溝で方形に区画された内側に幅二・五メートル、長さ二〇メートルほどの弧状の配石遺構が分布しています。配石遺構の下部や周辺で七〇基ほどの土坑が調査されており、そのうちの二基から大型の土器が出土しています。一点は倒立の状態、もう一点は大型の破片が土坑の底面に重なっていましたが、いずれも埋葬

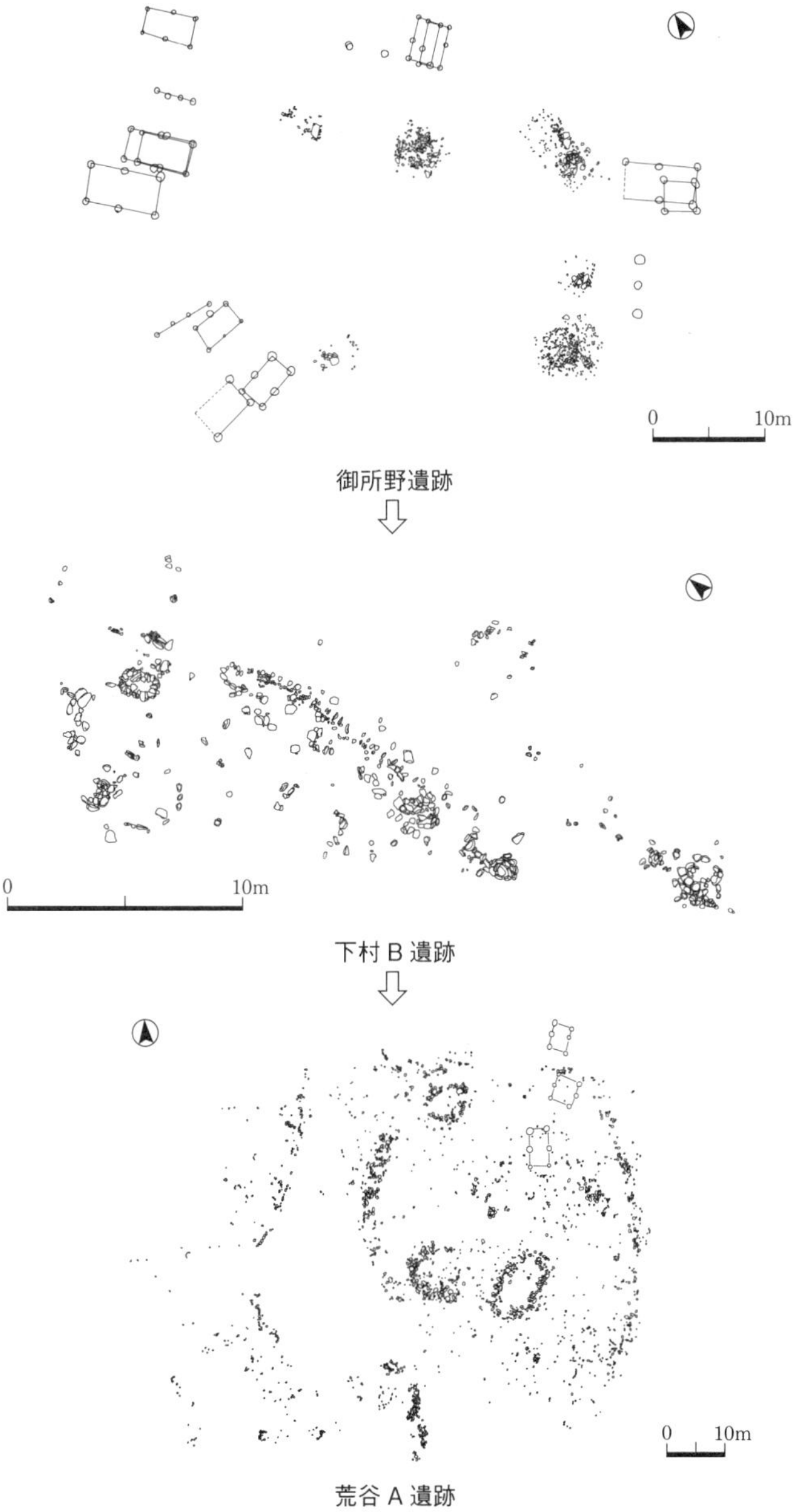

図8　配石遺構群から環状列石へ

にともなう土器と考えられます。土坑は一メートル前後のものが多いですが、一基だけ一・九五×一・三三メートル、深さ〇・五八メートルで、四周に川原石を三段に積みあげた土坑があり、なかからコハク玉が出土したり、埋土中でベンガラを確認していることから、特別な土坑と考えています。

荒谷A遺跡は下村B遺跡の五〇〇メートルほど北に位置しています。中期後半から後期前半の遺跡で、同じく後期の環状列石が調査されています。中期後半の竪穴建物跡などとも一部重複しており、その上に環状列石を構築しています。直径五〇×四〇メートルのほぼ円形で、そのなかに直径七～一〇メートルの環状配石が三基あり、その下で土坑を確認しています。径二～三メートルのやや不整な土坑ですが、その中の三基から大型の土器が出土し、そのひとつから成人男性の人骨が出土しました。これら二つの遺跡は、下村B遺跡は弧状、荒谷A遺跡は環状という違いはありますが、いずれも配石遺構の下に土坑をともない、土坑から埋葬用の土器が出土しています。

馬淵川流域の中期末から後期にかけての三遺跡の中では、中期末の御所野遺跡が最も古く、次いで下村B遺跡、荒谷A遺跡という変遷が考えられますが、御所野遺跡と下村B遺跡、下村B遺跡と荒谷A遺跡というようにそれぞれの始まりと終わりが少しずつ重複する可能性もあります。以上から馬淵川流域で、御所野遺跡の「群」、それを連結した下村B遺跡の「列」、そして荒谷遺跡の「環」というように推移し、大規模な環状列石が成立したと考えられます。

大規模な環状列石の分布

北東北と北海道南部の大規模な環状列石は表2・図9のとおりです。岩手県は四か所、秋田県は三か所、青森県は六か所、北海道は三か所となります。今回は集落の分散にともなう集合施設ということで、直径二〇メートル以上の環状列石を取り上げていますが、直径四〇〜五〇メートルの岩手県二戸市の荒谷A遺跡、青森県平川市の太師森遺跡や秋田県鹿角市の大湯環状列石などが大きく、そのほかは二〇〜三〇メートル規模のものが大半です。それぞれの環状列石はすべてが発掘調査されているわけではなく、確定したわけではありませんが、おおよその時期的な変遷は次のようになります。

最も古いのが中期末の御所野遺跡で、次いで後期初頭の下村B遺跡、同じ岩手県の西平内遺跡（洋野町）、北海道の石倉遺跡（函館市）で、全体の配置は弧状か環状です。後期前葉になると北東北から北海道にかけて拡大し、ほぼ円形に近い大規模な環状列石となります。

秋田県の米代川流域の大湯環状列石や伊勢堂岱遺跡（北秋田市）、青森県は青森市の稲山遺跡や小牧野遺跡、太師森遺跡（平川市）、さらに大石平遺跡（六ケ所村）などです。北海道では鷲ノ木遺跡（森町）などがあります。その後、後期中葉以降になると、忍路環状列石

表２　大規模環状列石一覧（北東北と北海道南部）
（青森県郷土館2017を参考に作成）

	遺跡名	数	形態	規模（m）	A	B	時期	所在地
1	御所野遺跡	2基	楕円形、円形	30 × 24	○		中期末	岩手県一戸町
2	下村B遺跡	1基	弧状	23		○	後期初～前	岩手県二戸市
3	荒谷A遺跡	1基	円形	40 × 50	○	○	後期前	岩手県二戸市
4	西平内遺跡	2基	弧状、円形	20以上	○		後期初～前	岩手県洋野町
5	大湯環状列石	4基	円形	48、42	○		後期前	秋田県鹿角市
6	伊勢堂岱遺跡	4基	弧状、円形	15,20,30	○		後期前	秋田県北秋田市
7	高屋舘遺跡	1基	円形	30	○		後期前	秋田県鹿角市
8	太師森遺跡	1基	楕円形	40 × 45		○	後期前	青森県平川市
9	大森勝山遺跡	1基	楕円形	39 × 49			晩期	青森県弘前市
10	稲山(1)遺跡	1基	円形	32		○	後期前	青森県青森市
11	小牧野遺跡	1基	円形	35		○	後期前	青森県青森市
12	大石平遺跡	1基	円形	25	○		後期前	青森県六ケ所村
13	石倉貝塚	1基	環状	24	○		後期初～前	北海道函館市
14	鷲ノ木遺跡	1基	円形	34 × 37		○	後期前	北海道森町
15	忍路環状列石	1基	楕円形	33 × 22	—	—	後期中	北海道小樽市

注）Aは掘立柱建物跡を、Bは土器棺をともなうもの。

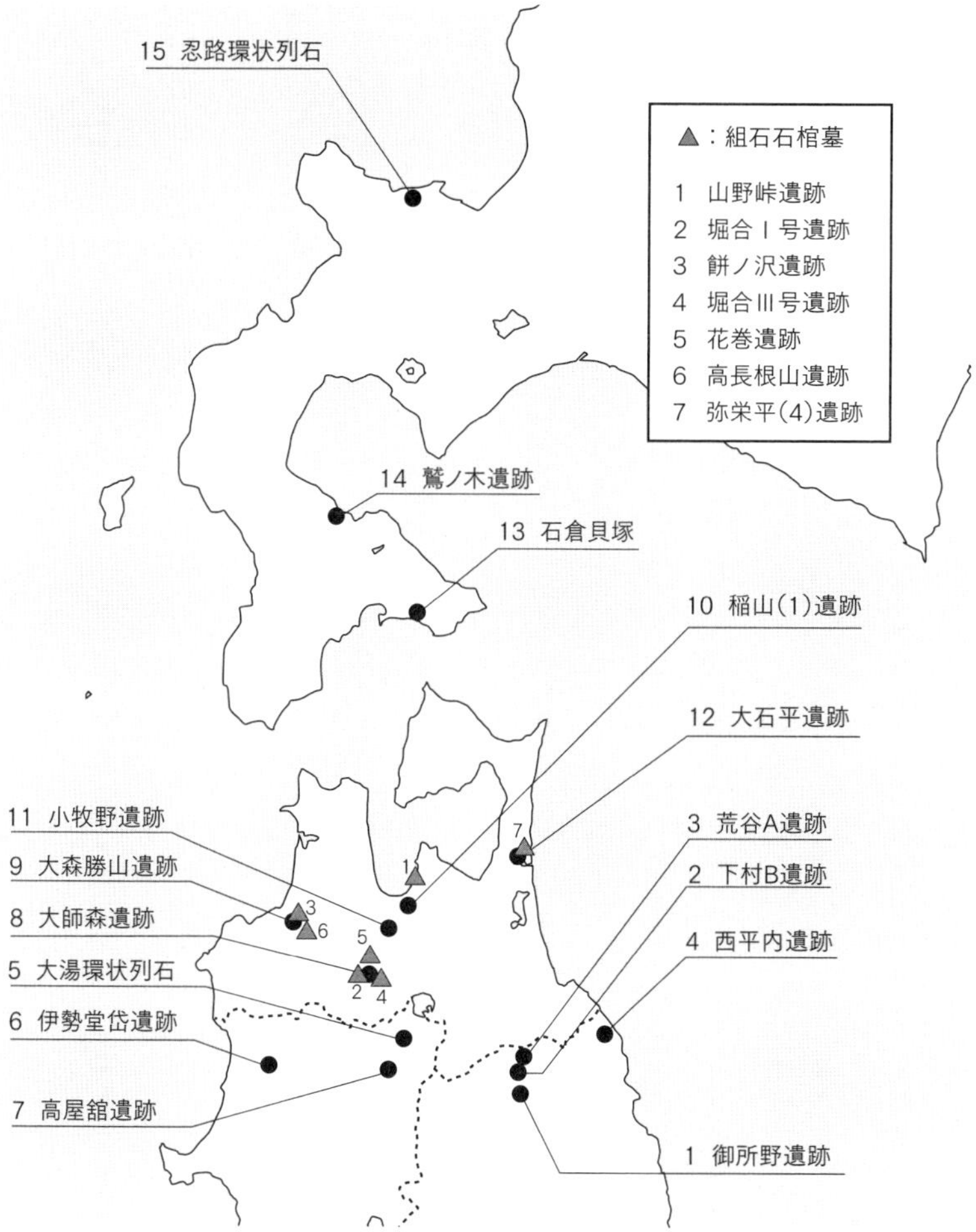
15 忍路環状列石
▲：組石石棺墓
1 山野峠遺跡
2 堀合Ⅰ号遺跡
3 餅ノ沢遺跡
4 堀合Ⅲ号遺跡
5 花巻遺跡
6 高長根山遺跡
7 弥栄平(4)遺跡
14 鷲ノ木遺跡
13 石倉貝塚
10 稲山(1)遺跡
12 大石平遺跡
11 小牧野遺跡
9 大森勝山遺跡
8 大師森遺跡
5 大湯環状列石
6 伊勢堂岱遺跡
7 高屋舘遺跡
3 荒谷A遺跡
2 下村B遺跡
4 西平内遺跡
1 御所野遺跡

図9　環状列石の分布

（小樽市）など道央まで分布しますが、全体的に規模が小さくなるようです。大森勝山遺跡（弘前市）のように晩期の例もあります。

環状列石と掘立柱建物跡

環状列石は土坑群や建物跡などの施設をともなっています。本来であればこのような遺構を逐一確認して比較することで、環状列石の性格や時期的な変遷も明らかにできると考えられますが、環状列石は、配石遺構の下は未調査の場合が多く、必ずしも同じ条件で比較できるわけではありません。

ここでは環状列石の外側で確認できる掘立柱建物跡の有無で比較してみます。一五遺跡のうち掘立柱建物跡を確認しているのは八遺跡です。分布をみると、最も古い御所野遺跡から馬淵川流域の荒谷A遺跡、さらに岩手県沿岸部の西平内遺跡、さらに青森県の大石平遺跡、そして津軽海峡を越えた石倉遺跡まで分布しています。秋田県の米代川流域では、最も典型的な大湯環状列石があり、高屋舘遺跡、さらには伊勢堂岱遺跡など、いずれもほぼ環状列石の外側を掘立柱建物が巡っています。

掘立柱建物跡をともなわない遺跡をみてみましょう。馬淵川流域の下村B遺跡では二基の土器棺が出土しています。また土坑の中には、壁に沿って石を三段に組んだ石室状の特殊な土坑があります。私も発掘調査に参加していますが、それぞれ土質のことなる堆積土が上下に重なっており、明らかに一気に埋め戻したような状態ではないこと、コハク玉が出土したり、ベンガラなどの赤色顔料が含まれていることなどから、この石室状土坑を一次葬の石棺墓と考えています。

北隣の荒谷A遺跡でも同じく土器棺が三基出土し、一基から人骨が出土しています。ところが荒谷A遺跡では下村B遺跡のような特別な土坑はみあたらず、環状配石遺構の外側で六本柱の掘立柱建物跡が確認されています。

青森県津軽地方でも環状列石の外側ではまだ掘立柱建物跡が確認されていないようです。この地域では古くから組石石棺、あるいは土器棺などが出土し、「再葬甕棺墓」などと呼ばれる特異な葬法が広く分布する地域として知られていました(図9参照)。いずれも扁平な板状の石を組み合わせた石棺墓で、周辺から甕棺と呼ばれる土器が出土する例もあります。青森市の山野峠遺跡で発見されて以来、平賀町の堀合Ⅰ遺跡や堀合Ⅲ号遺跡、さらに黒石市の花巻遺跡、鰺ヶ沢町の餅ノ沢遺跡など青森県西部に集中しています。

掘立柱建物跡と組石石棺はそれぞれ分布を異にし、組石石棺のない地域で掘立柱建物跡が分布するということで、以上の二つの施設は同じ用途、つまり再葬にともなう一次葬の施設と考えることができます。つまり「殯」に近いことが行われたのではないでしょうか?

まとめ

御所野遺跡の変遷を軸に周辺の遺跡群と比較しながら、環状列石が登場した経緯とその成因を検討してみました。御所野遺跡では第一段階として中期後半の大木式土器文化圏からの影響による広場を中心とした環状集落が形成され、第二段階では、中期末の集落の分散にともなって配石遺構群が出現しました。その中で掘立柱建物跡をともなう環状列石の分布から、配石遺構にともなう掘立柱建物を葬送にともなう施設と考えてみました。

縄文海進以降、縄文人は豊かな食糧資源を利用しながら集落を拡大してきました。なかでも七〇〇〇年前の十和田火山の噴火以降、北東北から北海道南部にかけて円筒土器文化圏が形成され、いっそう集落の拡大が進んできました。

ところが四〇〇〇年前の中期末になると、徐々に進行した寒冷化に対応し新たな社会のしくみがつくられます。むらの分散です。その分散の中で集団の精神的な拠り所として生まれてきたのがこのような環状列石だと考えられます。

御所野遺跡の集落の変遷と周辺遺跡群との関係から、縄文社会の大きな変化をのぞいてみました。御所野むらで、集団の分散にともなってつくられた配石遺構群が、やがて大規模な環状列石となり、北東北から北海道南部に広がっていったと考えてみました。

参考文献

葛西　励　一九八六「青森県における縄文時代の組石棺墓」『北奥古代文化』一七号、北奥古代文化研究会
一戸町教育委員会　一九九三『御所野遺跡Ⅰ　縄文時代中期の大集落跡』
高田和徳・山田昌久　一九九七「御所野遺跡の考古学的な集落分析」『人類誌集報』二、東京都立大学
中村良幸　一九九八「岩手県の縄文墓概観　岩手地域1」『縄文墓シンポジウム発表資料』
秋元信夫　二〇〇五『石にこめた縄文人の祈り　大湯環状列石』シリーズ「遺跡を学ぶ」〇一七、新泉社
鈴木克彦編　二〇〇七「特集　日本のストーンサークル」『季刊考古学』一〇一号、雄山閣
小林達雄編著　二〇一〇『世界遺産　縄文遺跡』同成社
一戸町教育委員会　二〇一五『御所野遺跡Ⅴ　総括報告書』
青森県立郷土館　二〇一五『平成二七年度特別展図録　環状列石と周堤墓』

世界遺産としての縄文文化

小杉 康（北海道大学大学院文学研究院教授）

北海道・北東北の縄文遺跡群と世界遺産暫定リスト

みなさん、こんにちは。北海道大学の小杉と申します。二〇〇九年に「北海道・北東北の縄文遺跡群」が世界遺産暫定リスト入りしました。では、なぜ今、縄文なのか、ということをまず考えてみたいと思います。

高度経済成長も一段落する一九七〇年代には、高松塚古墳の石室壁画や埼玉県稲荷山古墳の金象嵌銘鉄剣（古墳文化）の発見をきっかけとして考古学ブームが起こりました。一九八〇年代半ばからのバブル経済の熱気の中で、「新発見」や「大発見」を冠された考古学の成果が喧伝されました。そんな中で、佐賀県の吉野ヶ里遺跡（弥生文化）が発掘調査されます。

一九九〇年代に入ってバブル経済は崩壊しますが、その喧騒の余韻が続いている間に、吉野ヶ里の発見で再燃しはじめた考古学への関心の高まりは、青森県の三内丸山遺跡（縄文文化）の発見を経て加速されます。考古学ブームの再来です。

しかし、二一世紀の到来を待たずして、今度は考古学ブームのバブルがはじけました。いまだに記憶に新しい「前期・中期旧石器遺跡捏造」（旧石器文化）の発覚です。戦後、岩宿遺跡での後期旧石器文化の発見以来、営々と積み重ねてきた考古学の研究成果とそれに対する国民的な期待や信頼、そしてロマンが一夜にして瓦解したといっても過言ではないでしょう。

それは旧石器文化研究に限られたことでありません。古墳、弥生、そして縄文しかりです。大学での考古学の教育と研究が受けたダメージは計り知れないものがあり、考古学を専門に学ぼうとする学生の数は、これを境に激減します。このような苦境にありながらも、学問としての再生をかけて、「捏造遺跡」の検証調査が実施され、また緊急発掘調査は休むことなく続けられることになります。

転機が訪れるのは、文化庁が二〇〇六年に世界遺産候補を全国から公募するようになったあたりからです。青森県は「青森県の縄文遺跡群」を、そして秋田県は「ストーンサークル」をもって立候補しました。

一方で、これに先立って二〇〇四年度からは、北海道・青森県・岩手県・秋田県の四道県の連携のもと、縄文文化を核にした地域間交流や情報発信を行う「北の縄文文化回廊づくり事業」をスタートしていたこともあり、二〇〇七年には北海道・青森・秋田・岩手の四道県の共同提案として「北海道・北東北の縄文遺跡群」の資産名称をもって、文化庁長官へ提案書の提出へといたります。

そして、二〇〇九年に「世界遺産暫定一覧表」への記載がはたされた次第です。二〇一二年には構成資産十五遺跡にさらに三遺跡、大森勝山遺跡（青森県弘前市）・垣ノ島遺跡（北海道函館市）・キウス周堤墓群（北海道千歳市）を加えて十八遺跡になりました。[*1]

ここで改めて世界遺産について確認したいと思います。世界遺産とは、文化遺産や自然遺産を人類全体のための遺産として、損傷・破壊等の脅威から保護、保存していくために、国際的な協力及び援助の体制を確立することを目的とするものです。そして文化遺産は、顕著な普遍的価値を有する記念工作物、建造物群、遺跡、文化的景観などです。登録されるためには登録基準というものがあり、その（1）～（10）のいずれかを満たすことが必要となります。文化遺産にはそのうちの（1）～（6）の項目が該当します。特に「縄文遺跡群」は、（3）の「現存する、あるいはすでに消滅してしまった文化的伝統や文明に関する独特な、あるいは稀な証拠を示していること」という基準に関わってくるだろうと思います。

この条件を満たすためには二つのハードルがあることがわかります。一つは「普遍的な価値」を持っているということ、もう一つは「独特」であるということです。「普遍的」であるということと「独特」であるということとは一見すると相反する内容であり、その両方を満たす縄文像とはどのようなものなのかをしっかり発信していかなくてはいけないと思います。

「縄文」イメージ

さて、本題に入りたいと思いますが、みなさんは「縄文」と聞いてどのようなことをイメージしますか。「土器」とか「土偶」、「竪穴住居」といったものを思い浮かべる方も多

＊1　その後、十八の構成資産から鷲ノ木遺跡（北海道森町）、長七谷地貝塚（青森県八戸市）を外し（二〇一五年、後に関連資産に位置づけられる）、さらに「入江・高砂貝塚」（北海道洞爺湖町）を「入江貝塚」と「高砂貝塚」に分けて、都合構成資産一七遺跡・関連資産二遺跡に整理して、登録に向けての活動を展開しています。

二〇一八年七月に国の文化審議会によってユネスコの世界文化遺産登録を目指す候補として「北海道・北東北の縄文遺跡群」が選ばれました。ユネスコは二〇二〇年の登録審査から世界遺産の推薦枠を文化遺産と自然遺産とを合わせて一国一件に限定することを決めており、日本政府は世界自然遺産の登録を目指す「奄美大島、徳之島、沖縄島北部および西表島」（鹿児島県、沖縄県）とのどちらを今回の最終的な推薦候補とするかを調整の結果、二〇一八年一一月に奄美・沖縄自然遺産に決定しました。

いと思います。

三内丸山遺跡が調査された前後、バブル経済の余韻が残る中で、「エコな縄文人」や「縄文ユートピア論」のような縄文像が語られるようになります。あるいは三内丸山遺跡の発見を機に「長い」、「大きい」、「多い」をキーワードにして、「縄文文明論」というのが大々的に喧伝されたりしました。

しかし、世界遺産の構成資産としての「縄文遺跡群」の価値を説明した文書などを読んでみますと、このような文言は載っておりません。本当の縄文の価値というものを語らなければならないということを自覚しているのだと思います。日本列島における文明や都市といったものが、以前に知られていたよりももっと早く、縄文のころからあったんだとする「繰り上げ論」も一九八〇年代後半から一九九〇年代にかけて語られていたのですが、これでは世界には通用しません。人類史における縄文の独自性・普遍性をどこに見出せるか、これは考古学者の責任であろうと思います。

では、縄文とはどのような文化であったでしょうか。縄文を語る言説の中で、昨今、エコロジーとかサスティナビリティ（持続可能性）といった言葉をよく耳にしますが、二〇〜三〇年前はエコロジーに対しては「原始的」あるいは「野蛮」、サスティナビリティに対しては「停滞的」といった評価で語られていました。縄文文化について書かれた専門書の中にも、このような記述が見られました。現在ではこのような否定的な語句ではなく、肯定的な評価をもって語られています。

今日、縄文文化を語るうえで最も重要なことは、縄文が「定住する狩猟採集民の文化である」という点です。これは従来の人類史観にとっても衝撃的な内容だと思います。しかし、確かに定住する狩猟採集民が活躍する時代があり、その代表的な例として縄文文化を評価しようとするようになってきました。

ただ、問題なのは縄文文化というのは日本列島全域で展開しています。またその期間も非常に長く、一万数千年も続いています。こうした対象を一様に「定住した狩猟採集生活を送っている」と語るだけでは、説得力に欠けると思います。実際には東日本と西日本、さらには北海道と南西諸島といったような、それぞれの気候や風土に根ざした定住生活を送っており、またこれだけの長い時期にわたって続いた文化を一時期の特徴だけを取り上げて語ることもできません。

縄文文化とはどういう文化なのかということを多くの研究者が論じています。東京大学で考古学の研究・教育に携わられた今村啓爾さんは、縄文文化の確立を「後氷期の温暖化する気候に対する日本列島内の人間の適応の過程」として、また「豊かな温帯森林での植物食の採集を主体として、それに狩猟と漁撈が加わった、農耕以外の方法による新たな自然環境への適応」として捉え、主に森林の資源を独自の方法で増殖する「森林性新石器時代・文化」として論じています。

これはなかなか気の利いたまとめ方だと思います。西アジアではすでに「農耕」による食料生産が行われはじめていましたが、縄文文化では植物採集や漁撈・狩猟を中心としながらも、それらに加えてクリやクルミなどの堅果類を意図的に「増殖」させて食生活に取り込んでいた、さらにはそれらの樹木を木材として利用するような、特色ある食料生産を行った文化ということで、「新石器文化」という世界史的な普遍性を示しながら、「森林性」という独自性を示している評価になっていると思います。

あるいは、国立歴史民俗博物館の藤尾慎一郎さんは「日本列島という島嶼部において、後氷期の氷河性海面変動にともなう海流の変化によって引き起こされた、温和な気候に育まれた豊かな森林性資源と海洋性資源を主な食料とする生業体系をもつもの」であり、かつ「ナラ林の植物性食料を選択し、土器や植物加工具を発達させた文化」であり、これを「新石器文化東アジア型」の一つとして捉えます。

このような理解の仕方も、「新石器文化」として評価することにより世界史的な普遍性を与えながら、東アジアの島嶼部に特徴的な生活形態だということで、先ほど指摘しました「普遍性」と「独自性」について語ろうとしているわけです。

「北海道・北東北の縄文遺跡群」の構成資産もこのような二つの定義内容を満たすようなものであると思いますが、実際にどのようにマッチングしているかどうか、縄文文化を語り尽くせているかどうかを見ていきたいと思います。

環状列石（ストーンサークル）と盛土遺構

縄文文化の定義としては、基本的には「豊かな森林資源や海洋資源を背景にして営まれた定住する狩猟採集民の文化」ということで良いと思いますが、これだけでは縄文文化を語り尽くせているとはいえません。

縄文文化は年代的には六時期（草創期・早期・前期・中期・後期・晩期）に区分されています。「北海道・北東北の縄文遺跡群」の構成資産はそのすべてを網羅しています。その中でも特に目を引くのが鷲ノ木遺跡、小牧野遺跡、大湯環状列石、伊勢堂岱遺跡、御所野遺跡に共通する特徴である環状列石（ストーンサークル）です。住居などを復元して再現するのとは違って、現物をもって野外でのインパクトのある展示が可能です。

同じく野外での実際の遺構の展示が可能なものとして、大船遺跡や三内丸山遺跡、御所野遺跡の盛土遺構があります。盛土遺構の存在が明らかになったのは比較的最近のことです。一九九三年に栃木県の寺野東遺跡で発見されたのが、そのきっかけになっています。その後、類似した多くの盛土遺構が関東地方、特に関東東部を中心に見つかりました。

それらは上記三遺跡のものと少し形状が異なっています。その出来上がり方を簡単に説明すると、まずは円形の広場を中心に竪穴住居などの建物が作られます。竪穴ですから地面に穴を掘ります。その際に排出される土や壊れた土器などが居住域のまわりに捨てられます。長い年月にわたりその周辺で住居が繰り返して建て替えられることによって、廃土や捨てられた土器破片などが居住域の形に沿って集積して、だんだん高まっていきます。広場の形状が円形で、それを取り囲むような居住域であるのならば、その廃土や土器破片などが積もってできた高まりは、円環状を呈してきます。

このような円環状を呈する低い土手状の高まり（盛土）は、集落が長らく営まれたことによって必然的に生じたのであり、特別な意味はないという研究者もいます。確かにそのように評価される遺跡もありますが、さらに何世代も重ねて盛土がだんだんと高まってくると、代々そこに住んでいる人々の間に、その造形性に対する意識が自然と芽生えたのではないかと想定されます。その盛土の高まりが意味するものは、何世代にもわたる先祖がそこで生活してきたことの存在証明です。

そうなると、やがてその場所を離れて他の場所に集落を移転した後も、その系譜につながる人々はたびたびそこを再訪し、その盛土の造形性を強調するかのように、新たな土を盛り足したのかもしれません。当時の人々にとって、まさに「記念物」であるといってもいいでしょう。ですから盛土遺構すべてが単なる集落の跡地（集落遺跡）であるとも言えないわけですし、またすべてが記念物であるとも言えません。その点は、実際に調査する遺跡一つ一つにおいて確認しなければならないことです。

いずれにせよ、このように盛土遺構は、その元となる集落の平面形状と類似することになります。関東地方では主に円環状を呈します。これに対して土器型式の伝統を異にする東北地方北半から北海道南部にかけての地域では、集落の居住域は台地縁辺に沿うように帯状に展開します。よって盛土も帯状もしくは列状の形態を呈するものが基本形となります。上記三遺跡には、以上のような変化の過程を跡付けるような盛土遺構があるのです。

二〇一二年、十五遺跡に加えて大森勝山遺跡、垣ノ島遺跡、キウス周堤墓群の三つの遺跡が加わりました。この三遺跡はどのような内容なのか、なぜ新たに構成資産に加わったのか、という点について考えてみましょう。

先ほど環状列石という特徴をもった遺跡を紹介しましたが、新たに加わった大森勝山遺跡はこのグループに入ります。大森勝山遺跡は岩木山の麓にある縄文晩期の遺跡です。垣ノ島遺跡は縄文早期から後期にかけて営まれた遺跡です。盛土遺構をもつグループに属します。「コ」の字状の盛土が特徴です。最大長が一九〇メートルと大きく、盛土の内側に住居や墓などがあります。なぜ、「コ」の字状を呈するのか。縄文中期を過ぎて、やがて後期になると、関東地方から東北地方南半にかけての典型的な集落形態である同心円状の配置構成が東北北部へと伝わります。そうすると盛土の形状にも変化が生じて、列状に並ぶ二ないし三つの盛土を連結するようにして、円環状とはいえないまでも馬蹄形ないしは「コ」の字状を呈する盛土へと発展することになりました。

図1　キウス周堤墓群の1号周堤墓

周堤墓

新たに加わった三遺跡、一つは環状列石、一つは盛土遺構でしたが、残りのもう一つは今までになかったタイプです。北海道千歳市に所在するキウス周堤墓群は、その名のとおり周堤墓とよばれる、縄文後期後半の巨大な墓地遺構から構成された遺跡です。

縄文文化の構築物の大半は地中に埋まってしまっていて、現地表面で視認できるものはほとんどありません。そんな中でも、周堤墓や盛土遺構には現地表面においても存在を確認できるものがあります。史跡としての整備が進み、一般公開されたあかつきには、環状列石とともに、大幅な想定復原をすることなしに「生」の遺構を見ていただくことのできるものであり、視覚的なインパクトを期待できます。第一号周堤墓は直径七五メートルある最大級のものです。林間にあるために、全体を収めた臨場感をもった写真を撮るのが難しいのですが、図1は北海道埋蔵文化財センターの作業員の皆さんに、ドーナツ状にまわる土手の上と内側の窪みの縁とに沿って並んでいただき、広角レンズを用いて撮ったものです。中央を円形に掘りくぼめて、そこから出た土をその周囲に円環状に盛り上げて作られたものです。中央の円い窪地にいくつもの墓が作られます。

大規模記念物

世界遺産の登録要件である「全体性」の点については、「北海道・北東北の縄文遺跡群」の構成資産として草創期から晩期にいたるまでの遺跡をひととおりノミネートすることで対応しているのだと思われます。しかし、先に述べたように、整備・公開後のことを考慮すると、「真正性」を担保しながら視覚的なインパクトをもった遺構としては、主に縄文文化の後半期に属する遺跡の数が多くなるのは仕方ないかもしれません。その代表的なものが環状列石であり、盛土遺構であり、周堤墓であるわけです。ではいったいこれらの巨大な遺構は何なのでしょうか。

盛土遺構のところでも少し話題にしましたが、これらの巨大な遺構は墓地であるとか、集落であるとか、あるいは祭祀場であるとか、いろいろな説があります。規模についてもバラツキがありますが、おしなべて「大規模記念物」だということができます。記念物とは、現在の人たちへ、また未来の人たちへ、ある一定のメッセージを送るべくして作られるものです。その内容をわれわれは読み取っていかなければならないと思います。縄文文化研究の醍醐味です。

では、これらの環状列石などの大規模記念物が、いつごろから、どの地方に現れてくるのかを、整理したものが図2です。たとえば、先に紹介した環状列石は、後期に入ると大湯遺跡（秋田）、小牧野遺跡（青森）、鷲ノ木遺跡（北海道）など、北東北から北海道にかけて分布しています（環状列石第三系統）。関東にも分布していますが、中期に多いもので、別系統のものだろうと私は考えております（同第二系統）。

そして、縄文後期の関東西部には、環状列石ではなく集落の跡地を大きな石で埋め尽くす「直列帯状配石遺構」というものが出現します。前述の寺野東遺跡に代表されるような「環状盛土遺構」が関東東部を中心に分布しているのとは対照的です。関東西部と東部ではもともとの集落の形態が異なっています。さらに丘陵を開析する河川の氾濫原で多くの礫石を調達しやすい関東西部と、沖積層の上に土壌が発達した低地ぎみの関東東部といった自然地理的な背景にも相違があります。

これらのことが作用して、「直列帯状配石遺構」と「環状盛土遺構」とは分布地域やそ

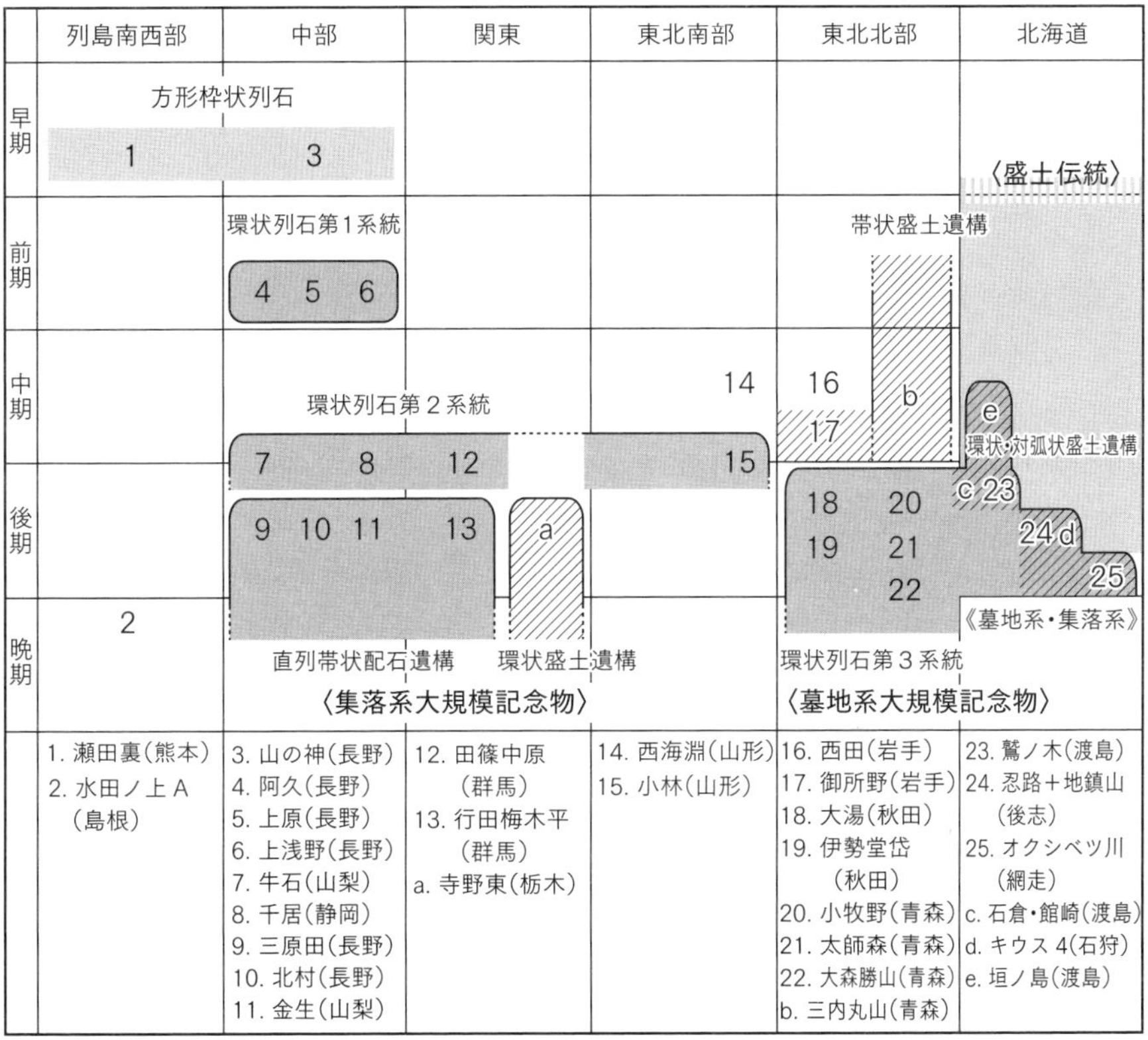

図2　日本列島における大規模記念物の変遷と展開（小杉2013より）

の構成においても対照的な在り方を示しているのです。しかし、両者とも長期にわたって営まれた集落の跡に形成された点では共通する性格を有しているので、「集落系大規模記念物」といえるでしょう。

先に紹介したように、ほぼ同じ時期である後期前半の北東北から北海道には、環状列石に代表される大規模記念物が展開します。基本的には埋葬や墓地に関連する性格を有しています。関東の「集落系」と対比して「墓地系大規模記念物」として捉えることができます。

さらに北海道では垣ノ島遺跡やキウス周堤墓群・キウス4遺跡で盛土遺構や周堤墓が見つかっています。前述のとおり鷲ノ木遺跡には環状列石があります。北海道で展開する大規模記念物には集落系、墓地系の双方のものがあり、複雑な様相を呈しています。

縄文文化の定義・再考

縄文文化とは、その定義するところ、豊かな森林資源や海洋資源を背景にして営まれた定住する狩猟採集民の文化である、ということになっています。先ほど紹介した今村さんの定義、藤尾さんの定義がそのようなものでした。一方で、世界遺産の構成資産としてノミネートされている遺跡は、北日本を中心とした縄文後半期の大規模記念物が主だったものであるのが実情です。縄文文化とは何かと問われた際に、大規模記念物の内容を盛り込んだ新たな定義が必要な段階なのです。

結論から言いますと、たとえば「縄文文化の後半期には、分布域の東半にあたる日本列島東部・北部地域には、小地域を中心とした社会的統合を強めるために『(間接経験的観念的)祖先観』を象徴する集落系・墓地系の各種の大規模記念物が盛んに構築された」といった文章を、付け加えるべきでしょう。環状列石や周堤墓があることは従来から知られており、トピックとして言及されることはあっても、それらは縄文文化を説明するための主要な定義内容には入っていなかった。これからは大規模記念物の存在を取り込んだ新たな定義が必要なのです。

盛土遺構、周堤墓、配石遺構(環状列石・直列帯状配石遺構)を紹介してきましたが、これら三ないし四者の関係はどうなっているのか。単に「記念物」といっただけでは済まされそうにありません。

環状列石は視覚的効果も高く、鷲ノ木遺跡の例のように正円に配されたものは確かに美しい。全体を作り上げるのにどのくらいの人工《にんく》が必要かを計算した研究がありますが、縄文人がそれ相当の大きな労力を費やしていることがわかります。しかし、イギリスのストーンヘンジのように巨大な石を円形に並べているストーンサークルを見ている人に対して、縄文の環状列石の規模的なすごさをいかに力説しても驚かれることはないと思います。あるいは文明とか権力とのかかわりで説明したとしても、つまり冒頭で紹介したような「繰り上げ論」で説明したとしても、弥生文化の墳丘墓や古墳文化の前方後円墳にはかないません。規模においてしかり、副葬品においてしかりです。縄文文化における大規模記念物の本来的な意味が何かを探っていかないと、世界には通用しないと思います。

このような意味で、今後、明らかにしなければならない課題は山積みですが、現時点での私の考え方を、北海道の事例が中心となりますが、研究の成果の一端を交えながら紹介したいと思います。

縄文のアポリア

北海道でも本州側と同じように環状列石が見つかっています。さらに、北海道ならではの周堤墓が存在します。環状列石と周堤墓、この両者の関係が従来はどのように考えられていたのでしょうか。

環状列石は縄文後期前半、周堤墓は縄文後期後半に作られており、ともに円く環状になっていて、「墓」と関係しています。そのために環状列石が周堤墓へと変化したのだろう、と漠然と理解されている傾向がありますが、明快な答えはまだ得られておりません。後ほど少し詳しくふれますが、従来、環状列石と呼ばれてきたものは、道南から道央を中心として、道東にまで分布しています。一方、周堤墓の分布は局所的で、道央の千歳・恵庭市域を中心とした一角、北海道の中央付近の芦別市域、道東の斜里・標津町域の一角に限られています。重なっているところもありますが、主要な分布域は分かれています（図3）。

時期的な前後関係と分布の隔たり、そして一方は石を用いて他方は土を用いるといった構造上の違い、これらの点をうまく説明できないと、両者の関係はどうなっているのか、系統的なつながりはあるのか、ということに明快な理解が得られません。多くの研究者がこの謎に挑戦してきました。個別の遺跡の成立過程についてはかなり詳しいことがわかってきましたが、全体的な推移としては「環状列石は周堤墓へと質的変化を遂げるに至った」といったような隔靴掻痒的な説明に終わりがちです。私はこの問題を「縄文のアポリア（難題）」と呼んでいますが、この難題に少し挑戦してみたいと思います。

環状列石を考える：墓地型と斎場型

難題を解くに当たってまず重要なのは、定義をはっきりさせることです。あるいは取り扱う対象の範囲をどこまでにするかを自覚することです。

最初に、環状列石を取り上げます。縄文後期の北海道から北東北に現れる環状列石には、

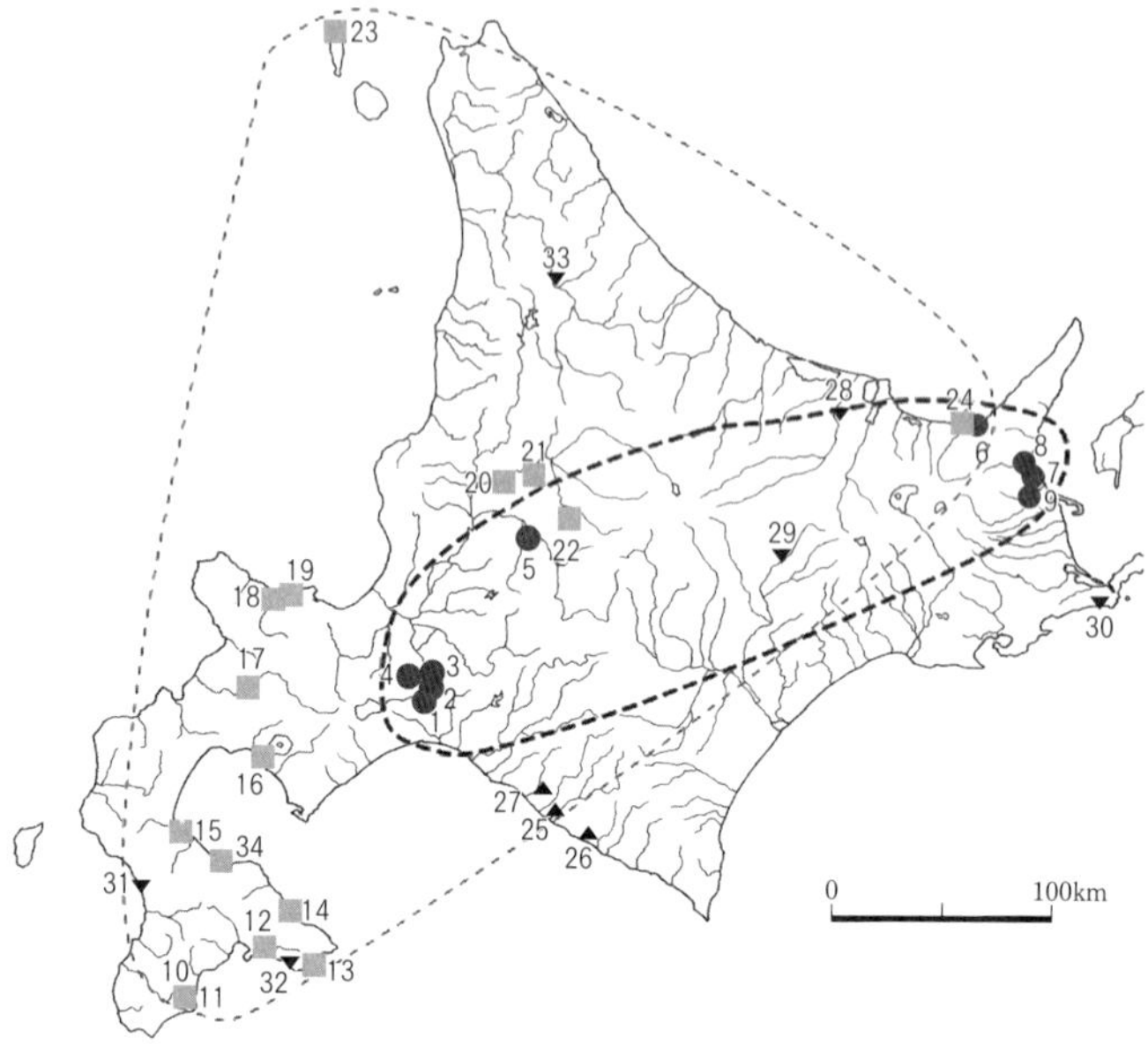

●	周　堤　墓	
1	美沢１遺跡	苫小牧市
	美々４遺跡	千歳市
	美々５遺跡	千歳市
2	末広遺跡	千歳市
3	丸子山遺跡	千歳市
	キウス周堤墓群	千歳市
	キウス４遺跡	千歳市
4	柏木Ｂ遺跡	恵庭市
5	野花南環状土籬	芦別市
6	朱円環状土籬	斜里町
7	伊茶仁ふ化場１遺跡	標津町
8	伊茶仁チシネ第３竪穴群遺跡	標津町
9	伊茶仁カリカリウス遺跡	標津町

▲：積石墓（25〜27）

▼：その他後期の墓坑（28〜33）

■	配石遺構（環状列石主体）	
10	湯の里５遺跡	知内町
11	湯の里１遺跡	知内町
12	日吉遺跡	函館市
13	浜町Ａ遺跡	函館市
14	臼尻Ａ遺跡	函館市
15	浜松２遺跡	八雲町
	浜松５遺跡	八雲町
16	高砂貝塚	洞爺湖町
17	曽我（北栄）環状列石	ニセコ町
	曽我滝台遺跡（環状列石）	ニセコ町
18	八幡山遺跡	余市町
	西崎山ストーンサークル	余市町・小樽市
19	地鎮山巨石記念物	小樽市
	忍路環状列石	小樽市
20	音江環状列石	深川市
21	神居古潭ストーンサークル	旭川市
22	野花南熊の沢遺跡	芦別市
23	船泊遺跡	礼文町
24	オクシベツ川遺跡	斜里町
34	鷲ノ木遺跡	森町

図３　北海道における周堤墓と配石遺構の分布
（北海道埋蔵文化財センター 2000より一部改変、遺跡名は引用文献による）

二類型のものがあると私は理解しています。前述のとおり、いずれも墓地系大規模記念物ですが、それらは墓地型と葬送や儀礼に用いられた非墓地型（斎場型）とにわかれると考えられます。

まず墓地型の大規模記念物についてお話しします。岩手県一戸町の御所野遺跡は縄文中期後半から末葉にかけての集落遺跡です。二か所に配石遺構（環状「配石墓群」）があり、それを囲むように盛土遺構があり、さらに三方を囲むように居住域があります。この御所野遺跡というのは「縄文遺跡群」十九資産を考えるうえで鍵になる遺跡です。縄文後晩期の文化を語るうえで非常に重要な遺跡なのです。

次に、岩手県紫波町の西田遺跡を見てみましょう。円環状に形成された墓域を取り囲むように方形柱穴列が取り囲み、さらにその外側に居住域が配される典型的な同心円構成の「環状集落」として著名な遺跡です。この遺跡は配石遺構をともなっていません。この西田遺跡の一つ一つの墓（墓坑）に石を添えてあげると御所野遺跡のような配石遺構（環状「配石墓群」）になり、これが環状列石の祖形になるものだろうと考えています。

そしてこの御所野遺跡から居住域を引き算すると、大湯環状列石のようになります。この三遺跡の墓域はほぼ同じ規模で推移していることがわかります（図4）。集落の広場に取り込まれた墓域に、配石をプラスして、居住域をマイナスすると大湯類型の環状列石が出来上がるというプロセスです（『西田』＋「配石」－「居住域」＝『大湯環状列石』）。地図に落と

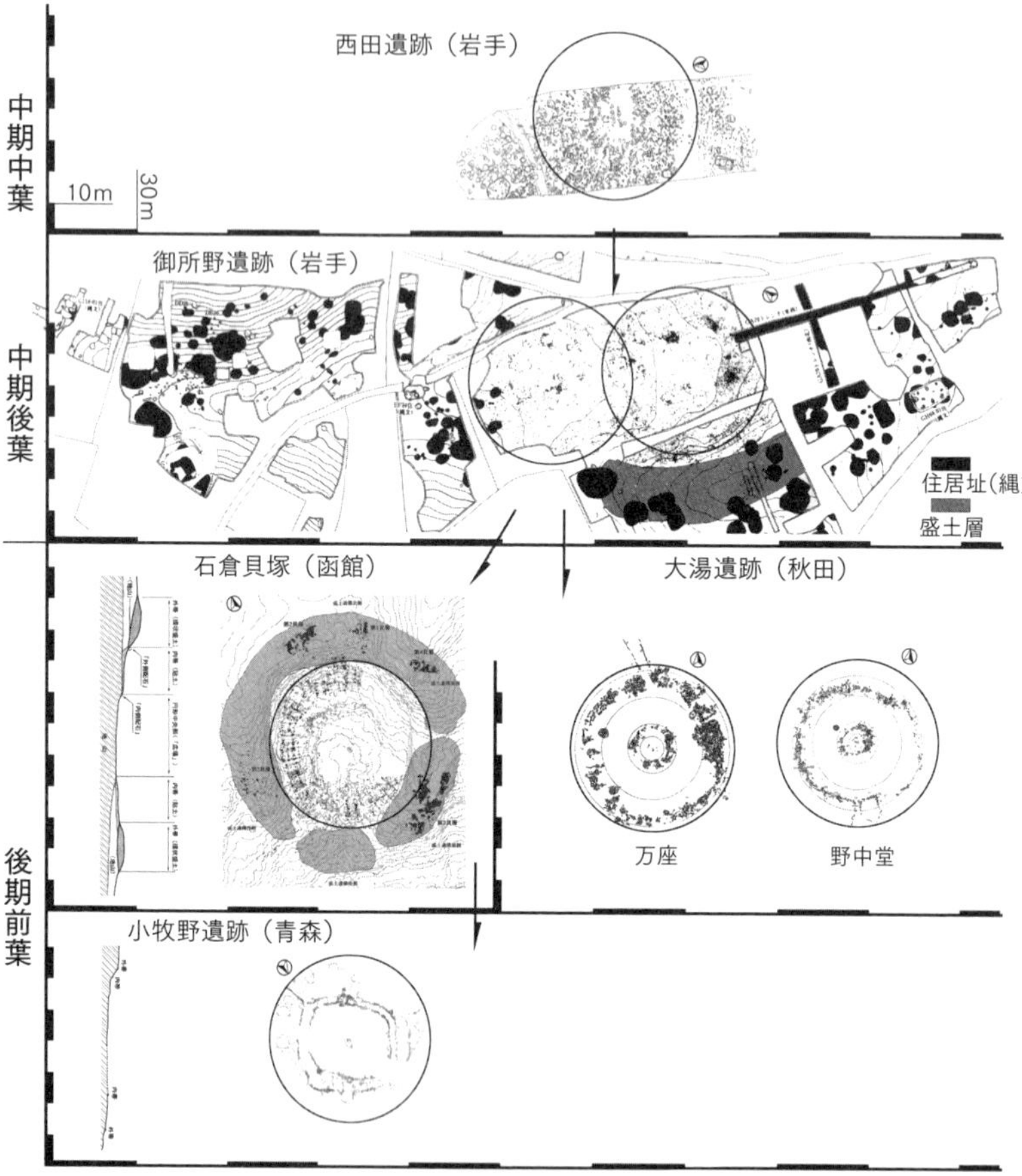

図４　墓地型の大規模記念物の変遷

すと図5のような位置関係になります。この大湯類型の環状列石は北東北の各地で見つかっています。

これに対して非墓地型（斎場型）の環状列石というものがあると私は考えています。代表例が青森県青森市の小牧野遺跡です。これを読み解くにも御所野遺跡が鍵になります。先ほど、御所野遺跡には配石遺構（環状「配石墓群」）を囲むように盛土遺構があると言いました。北海道函館市の石倉貝塚には、盛土遺構があって、その内側に石が環状にまわっています。じつは、このまわっている石の下に墓（墓坑）はないのです。環状にめぐる石列の内側にいくつかの墓（墓坑）がつくられています。

小牧野遺跡では、傾斜する地表面の上側を削り、そこで出た土を下側に押し広げて、平坦面を作ります。その斜面から平坦面へと傾斜が変わるライン上に石を並べて、全体を円環状に仕上げています。石倉貝塚の場合は盛土をしていますが、小牧野遺跡の場合は盛土というよりも、切土をしています。

御所野遺跡から「盛土」と「配石」をピックアップして取り込んだのが石倉貝塚で、さらに石倉貝塚から「配石」だけを取り込んだのが小牧野遺跡なのです（図4）。ここで取り上げた遺跡を地図上にプロットしてみると、御所野遺跡よりも北側に分布しているのがわかります（図5）。

そして、北海道から発掘されている環状列石は、この小牧野類型に属しているようです。

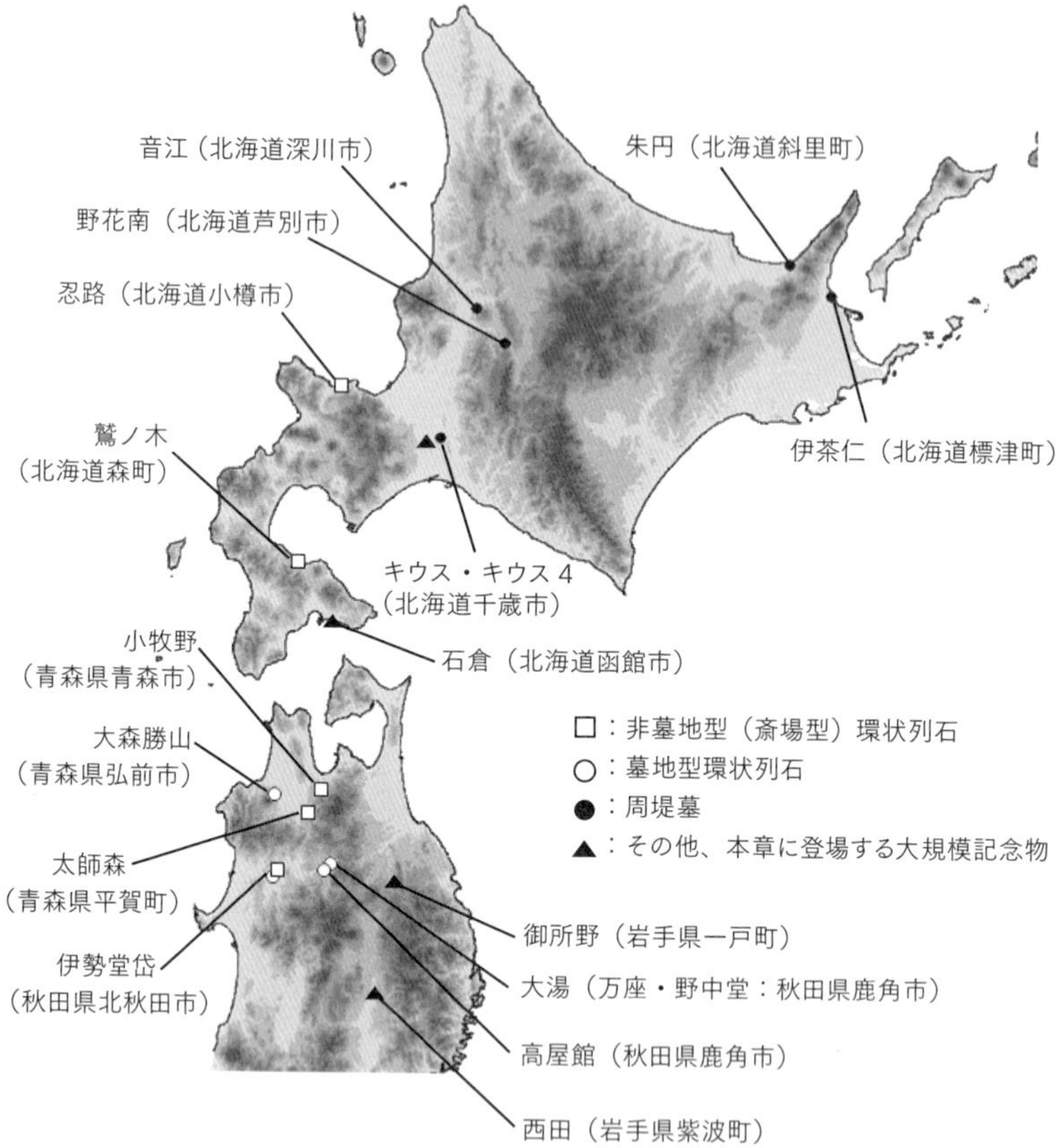

図5　北海道・北東北における大規模記念物の分布

北海道での戦後の考古学の研究史の話になりますが、当時は墓のまわりに石が環状に並んでいれば、小さいものも大きなものも共に「環状列石」と呼んでいました。東京大学の駒井和愛先生が最初にそのように呼んで、その呼称法が北海道では定着します。現在でも北海道の「遺跡台帳」には、個々の墓の周囲をそれぞれ石で環状に取り囲んだ遺構がある遺跡を「〇〇環状列石」という遺跡名称で登載している例があるようです。

しかし、そのような一つの墓坑のまわりに環状に石を配した遺構は、たとえば「環状配石墓」などと称する方がよいと思います。それに対して、複数の配石墓が環状にめぐるもの、これは必然的に大規模なものとなりますが、あるいはそれと同程度の大きさで石列だけが環状にめぐるもの、これらをまさに大規模記念物として「環状列石」と称するのが、実情に合っていると考えられます。

環状配石墓をともなう遺跡と環状列石からなる遺跡をいっしょにして分布図を作ると、全道的に広がっているという状況になります（図3）。しかし、環状配石墓の事例を除いて、大形の環状列石のみを取り出してみると、該当する数は極端に少なくなり、分布の様相もだいぶ異なってきます。確実に環状列石と評価できるものは、小樽市の忍路遺跡例と森町の鷲ノ木遺跡例です。あるいは、規模はだいぶ小さくなりますが、斜里町のオクシベツ川遺跡例を加えることができるかもしれません。

そして、その構造、すなわち石の配列の仕方は、典型例である忍路例と鷲ノ木例は非墓地型（斎場型）である小牧野遺跡例（青森県青森市）と非常によく似ています。規模も同程度です（図6上段a・b・c）。配石が大きく二重に取り囲み、中央部に小さな環状の配石が形成されている構成です。環状にめぐる個々の石の下には墓坑はありません。

では、墓はどこに作られているのか。ともに環状列石のすぐそばにあると思われます。それぞれにともなう墓、ないしは墓地の形態はいろいろです（図6下段）。

小牧野環状列石にはすぐ隣に土坑墓からなる墓地がともないます。鷲ノ木環状列石には、「廃屋墓」といって、廃絶された竪穴住居の竪穴や埋まりかけの窪地を利用した墓地のことですが、それに類する「竪穴墓地」が隣接して作られています。また、少し離れたところにはおそらく貯蔵穴跡を墓に転用した墓地もあります。

忍路環状列石の場合は、すこし状況が異なります。忍路環状列石から三〇〇メートルほど離れた丘陵の頂部に、「地鎮山環状列石」として登載されていた遺跡があります。この地鎮山例はバスタブの三倍くらいの大きさのある四角い穴の底と外側のまわりに、玉石を敷き詰めたものです。その全体を取り囲むようにいくつかの立石がめぐらされているので、「環状列石」の名称で呼ばれてきましたが、ここでの定義に従うならば、それ自体は大規模記念物としての環状列石であると評価することはできません。むしろ、これこそが、忍路環状列石にともなう墓関連の施設であると思われます。

ただし、正確には「墓」ではないでしょう。仮説として考えられることは、「再葬」の

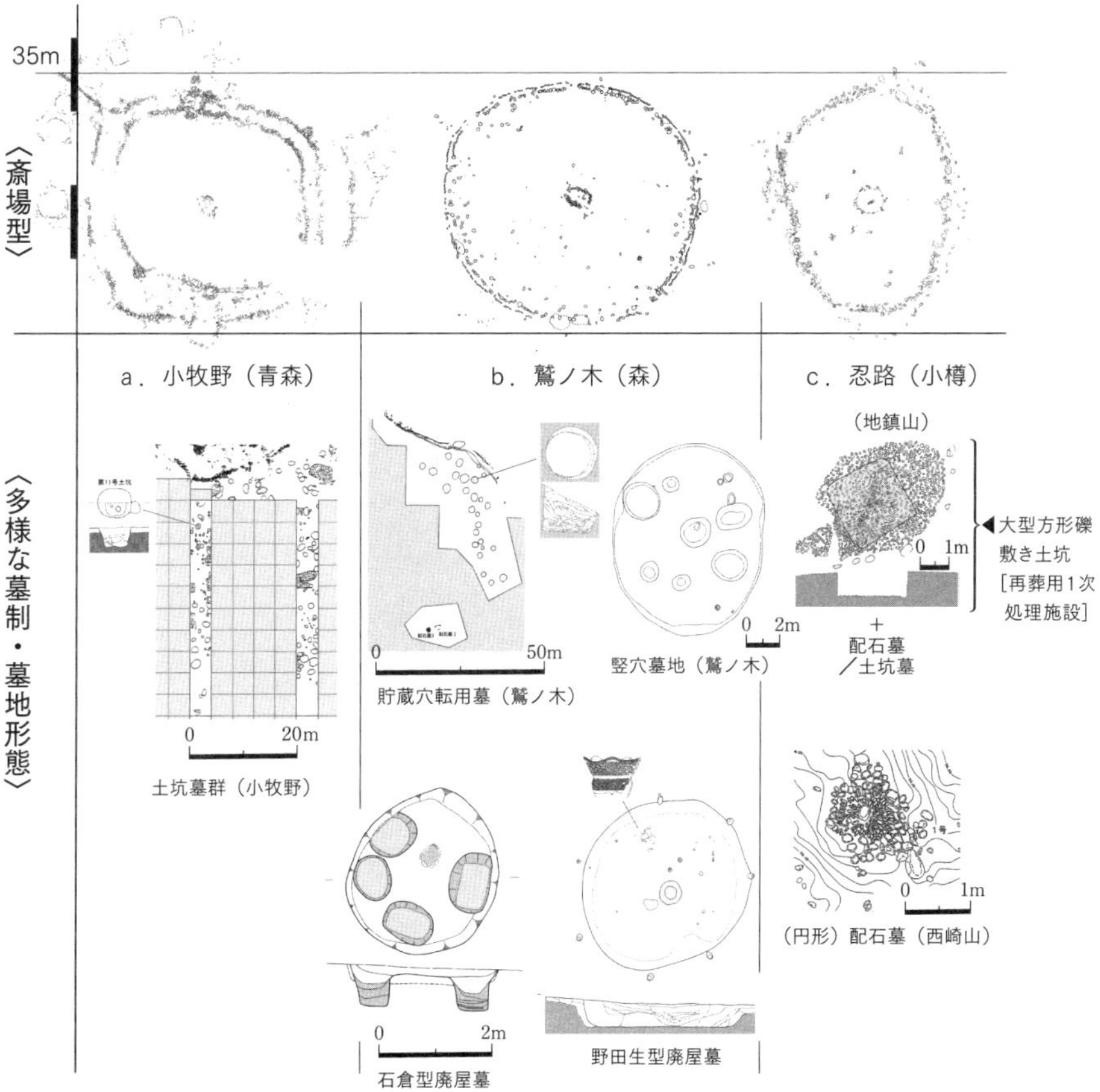

図6　非墓地型の環状列石とさまざまな墓地形態

ための施設です。再葬とは、いったん土に埋めたりして遺体を白骨化して（一次葬）、その後にその骨を取り出して、あらためて埋葬（二次葬）する葬法です。地鎮山例では、玉石敷きの四角い穴の中に遺体をいったん安置して風葬し、しばらくして白骨化したものを拾い上げて改めて小さな墓坑に納める、といったことが行われていたのではないかと考えています。二次葬を行ったところ、すなわち墓地は、その近くにあると想定しています。そして、このような埋葬過程にともなう葬送儀礼を執り行ったところが、忍路環状列石ではないかと考えています。

以上のように、同じ環状列石でありながらも、墓地型と非墓地型とでは、そのでき方からして大きな違いがあるということになります。図5には両者の分布を示してあります。□で示したのが非墓地型、○で示したのが墓地型の環状列石です。北海道のものは、すべてを非墓地型（斎場型）であることがわかります。

環状列石の新しい分布論

さて、ここで従来の分布論では、環状列石や周堤墓をどのように評価していたのかを見てみましょう。墓地型環状列石が秋田県北部から津軽地方にかけて、非墓地型環状列石はさらに北へ広がり北海道南西部まで、周堤墓が北海道央部から道東部にかけて分布しています。これが先にお話しした「縄文のアポリア」を生み出した分布です。

なぜこの難題が解けなかったかというと、いわゆる「分布論」として研究を進めてきたからだと考えられます。かつては「環状列石は道南を中心に分布している」、「周堤墓は道央や道東に分布している」といったように、〈環状列石〉や〈周堤墓〉を主語にした説明がなされていました。このような「語り方」から抜け出さないと縄文のアポリアは解けないと思います。

では、現象を主語にして語らない、擬人化しないで語るには、どうしたらよいでしょうか。結論から申し上げるならば、〈地域〉に視点を定めて語るようにする、ということです。まず地域を設定して、その地域にどのような墓や墓地がつくられていたのか、どのような記念物がつくられていたのか、という語り方をするのです。

そのような地域を設定するために、遺跡の集中度を統計的に処理する方法を使用しました。詳細は割愛しますが[*2]、コンピュータを使って膨大な遺跡数を処理する方法（カーネル密度推定法）を用いて、遺跡が集中する度合いを視覚的に見やすいように表したものです。その集中具合に応じて地域を設定しました。

＊2　詳しくは「コラム2：カーネル密度推定法の応用」（佐々木・小杉ほか二〇一一『はじめて学ぶ考古学』九六頁）で解説しています。

図７ａがそれです。遺跡の密度が高くなるほど濃くなり、低くなるほど薄くなっています。

こうしてみると北海道は六つのゾーン（Ⅰ〜Ⅵ）に分けられます。本州側では、青森県を中心に秋田県南部から岩手県西部にかけて強い分布が見られます。こういった地域を前提に議論していきます。たとえば「ゾーンⅤでは環状列石から周堤墓へと変わっていった」、というような語り方になります。このゾーンと呼んだ地域区分に大規模記念物をプロットしてみると、だいたい遺跡密度の高いところに点が入っています。

なお、コンピュータを利用して分析しているので、分布密度を表示させる基準を自由に変えることができます。先ほどは「検索半径五〇キロ」という比較的大きな値を用いましたが、それを小さな値に変更すると、さらに細かな地域に分かれます。この小さな値（検索半径三〇キロ、図７ｂ）でわかれたゾーンの中にも大規模記念物の点が入っています。さらに値を狭めても（図７ｃ）、やはり大規模記念物の点が入ってきます。

図７ｃは検索半径一〇キロという値で設定したゾーンに環状列石の点を落として表示したものです。それぞれの地域に環状列石があることがわかると思います。〇は非墓地型の環状列石の位置です。一番北に位置しているのが北海道小樽市の忍路遺跡、その下の方に森町の鷲ノ木遺跡、もう一つ南に下って小牧野遺跡です。さらに南に下がると伊勢堂岱遺跡があります。伊勢堂岱は墓地型、非墓地型（斎場型）の両方の環状列石がある珍しい例

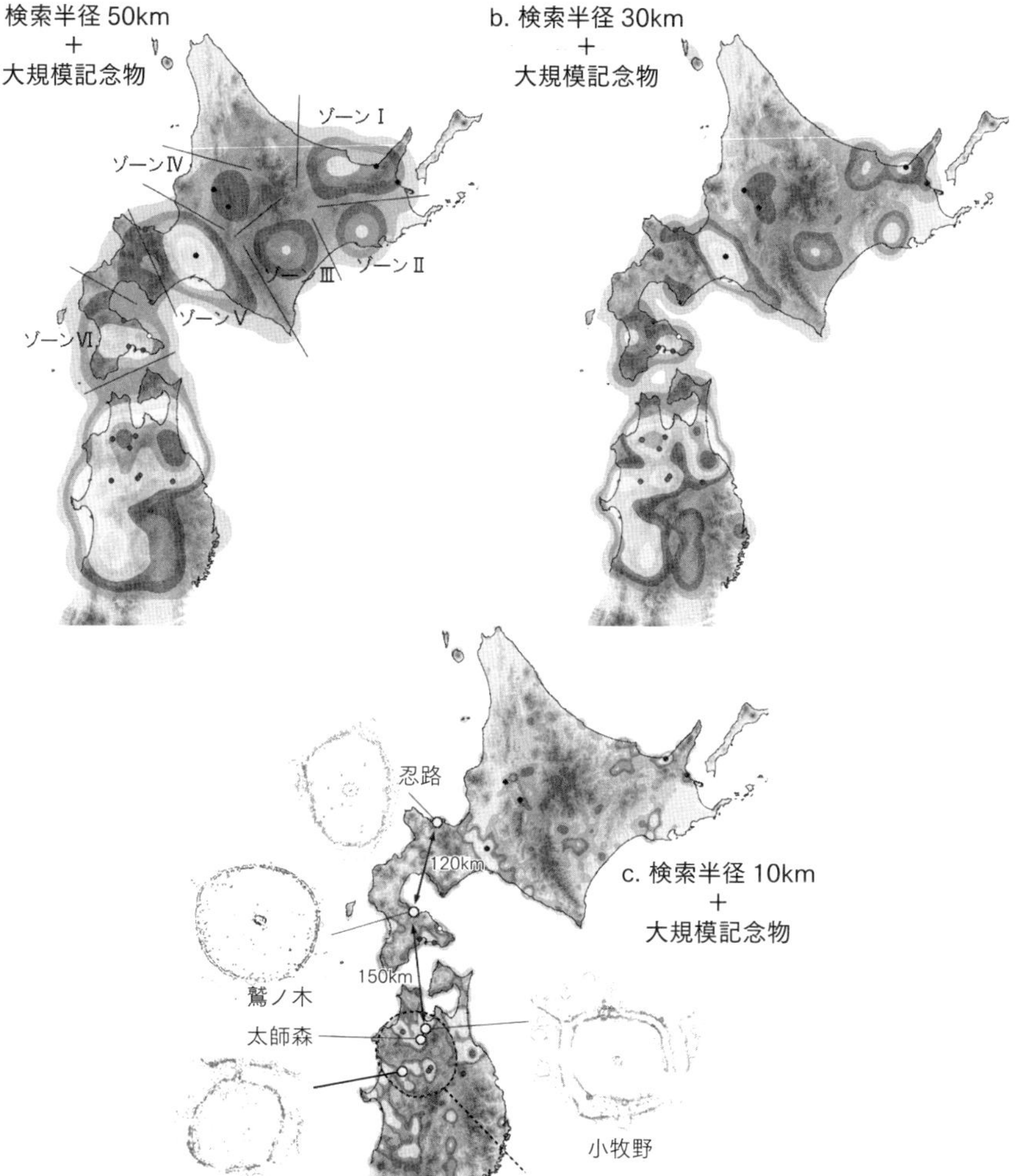

図7　遺跡の密度分布図と大規模記念物の分布

です。

これらの非墓地型環状列石はかなりの距離を置いて点在しています。北海道ゾーンⅥの鷲ノ木環状列石からゾーンⅤの忍路環状列石までは直線距離で約一二〇キロとなります。鷲ノ木―小牧野環状列石間は約一五〇キロとなります。これに対して、大森勝山遺跡や大湯遺跡などの墓地型の環状列石は青森県津軽地方から秋田県北部に集中していることがわかるかと思います。このように二種類の環状列石は類型も違うが、その分布の在り方も違っています。この非墓地型の環状列石は互いが一〇〇キロ以上離れているにもかかわらず、ほぼ同じ規格・構成のものが作られています。

そうなると、これらの非墓地型の環状列石はそれが位置する地域社会にとって墓地系の大規模記念物としての斎場の役割をもっていただけではなく、遠隔の地域社会どうしが連携し合うためのセンター的な役割をもつものとして機能していたのではないかと考えられるのです。

同時期、後期の前半の北東北には、類型は異なるものの数多くの墓地型の環状列石が、より密に分布しています。青森の小牧野環状列石から北海道小樽の忍路環状列石へとつながる斎場型の環状列石の分布状況とは異なりますが、北東北を中心とする墓地型の環状列石にも、それと類似した社会的機能を想定できるのかもしれません。

後期中葉になると関東あるいは東北に系譜がたどれる磨消縄文系土器群が北海道にまで

も分布します。このような広域にわたって情報が流動する現象の背景に、前時期において墓地系大規模記念物である環状列石をノード（結節点）として地域社会間がゆるやかにリンクする仕組みができあがっていたのではないでしょうか。

周堤墓を考える：モアイと周堤墓

さてもう一つの問題は、周堤墓です（図8）。北海道には「音江の環状列石」という有名な遺跡があります。実はこの遺跡は環状列石ではありません。石を円環状に配した墓、つまり「環状配石墓」が点在していますが、これとは別に音江遺跡には周堤墓も存在すると私は考えています。

周堤墓というのは、キウスのものに代表されるように土手が円環状にまわっているものだと考えられていますが、音江の事例は、底面に平石を敷き詰めた土坑墓を取り囲むように、四本の直線状の土手が方環状に、つまり四角くまわっています。多くの研究者は、このような円環状でない土手がまわるものを周堤墓として考えてこなかったのですが、これも周堤墓として理解すべきでしょう。私はこれを「音江型周堤墓」と呼ぶことにしています。

このように周堤墓が道央から道東にかけて分布しています。これらの地域では、前段階

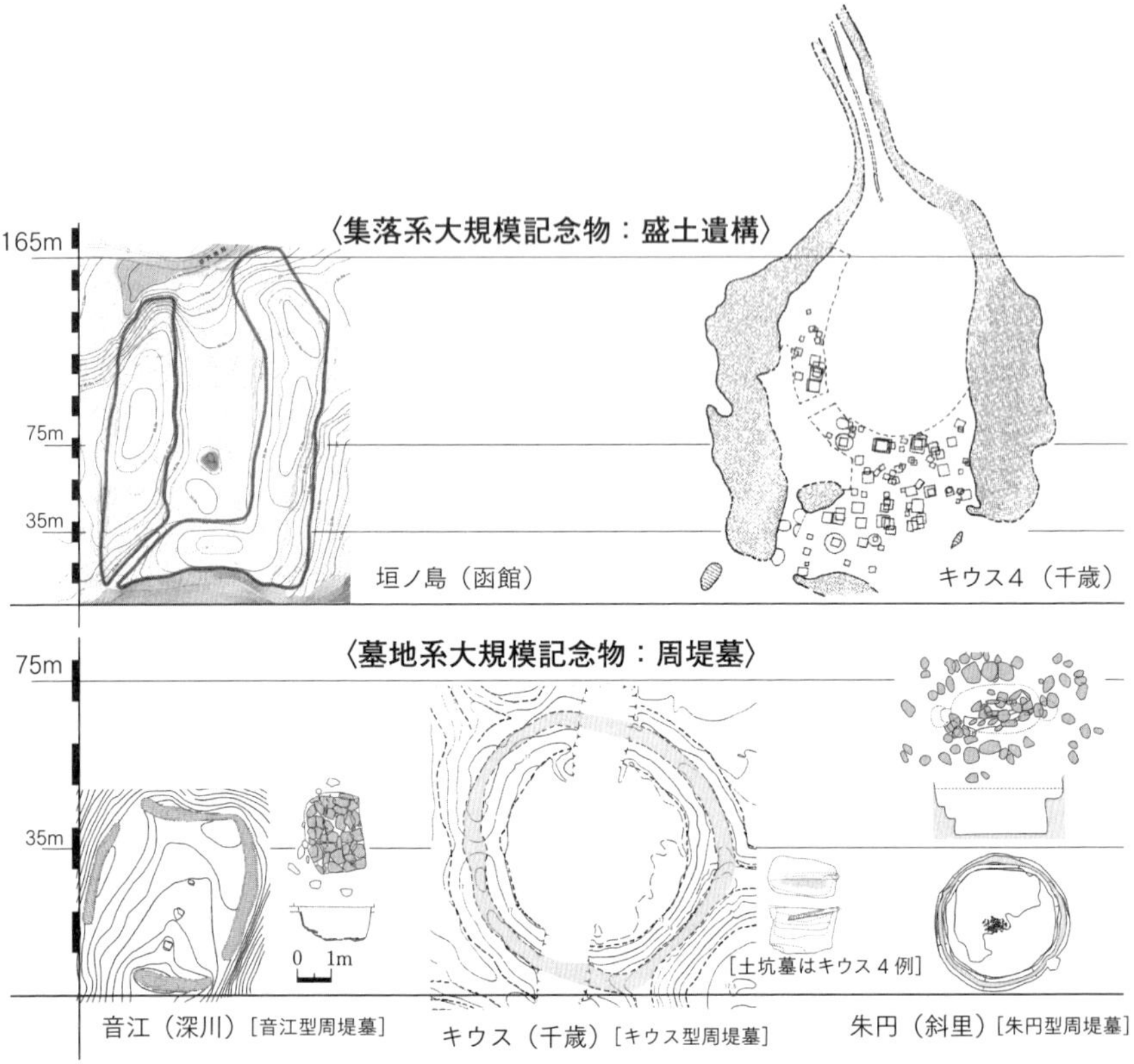
〈集落系大規模記念物：盛土遺構〉
165m
75m
35m
垣ノ島（函館）
キウス4（千歳）
〈墓地系大規模記念物：周堤墓〉
75m
35m
0 1m
[土坑墓はキウス4例]
音江（深川）[音江型周堤墓]
キウス（千歳）[キウス型周堤墓]
朱円（斜里）[朱円型周堤墓]

図8　盛土遺構と周堤墓

においては個々の墓が群集する墓地形態でした。構成上は、それに環状にまわる土手が加わると周堤墓になるわけです。実際の構築の順序は、環状の土手が作られて、一定の墓域が画された後に、その内側の凹部に個々の墓が作られます。

この周堤墓の分布状態には地域的な大きな偏りがあります(図5)。北海道の中央付近の芦別市域、道東の斜里・標津町域にも見られますが、その大半は北海道ゾーンV(図7a)の中でも千歳・恵庭市域に集中しています。なぜ、こんな偏った分布を示すのでしょうか。これも大きな問題です。このことについて考える上で非常に面白いヒントを、イースター島に関する民族誌的・考古学的知見から得ることができます。

イースター島は太平洋のポリネシアに属しますが、絶海にポツリと浮かぶ孤島です。面積は約一五九平方キロの小さな火山島ですが、モアイと呼ばれる巨大な石造記念物があることで著名です。人頭形あるいは上半身が刻まれた巨石像モアイは、アフと呼ばれる埋葬用石壇の上に載っています。この石壇には祖先の骨が納められています。モアイは七〜八世紀ないしは一〇世紀以降、一七世紀ころまで作られました。島には一〇の「部族」が住み、それぞれのテリトリーが区分けされていました。アフはそれらのテリトリーごとに作られた墓所なのです。

では、なぜあのようなモアイが島のあちらこちらで作られたのか。土地の面積も限られた絶海の孤島といった環境下では、人口が増えたからといって、簡単に他所の島に移り住むこともできません。やがて、土地問題や人口圧などから集団間の敵対心は高まり、戦争へと向かう危機的状況が生まれます。このような負のエネルギーを戦争といった暴力的・破壊的な競争に向けるのではなく、「神々と祖先の崇拝」をするための巨大な彫像と墓所の建立を競い合うといった形での、いわば平和的な競争に向けるための文化装置がモアイとアフであったのではないかという考えが提起されています。

先に紹介したようにイースター島の広さは、東西二〇キロ、南北一〇キロほどで、面積は一五九平方キロほどでした。周堤墓は北海道ゾーンV内に集中しますが、特に濃密な分布はキウス周堤墓群から柏木B遺跡までの約一四キロと同じく美々4・美沢1両遺跡までの約一二キロの範囲であり、奇しくもイースター島の面積と近似しています。縄文後期の後半、北海道ゾーンVには多くの遺跡が残されます。特に多くの周堤墓が集中する周辺は遺跡の高い分布密度を呈しています。津軽海峡を越えて本州とつながる交通路は、太平洋岸では噴火湾岸に沿って北上し、同時に渡島半島の日本海沿岸を北上します。この二本のルートは道央の石狩－苫小牧低地帯で再び交わることになり、そこから再び幾筋かに分かれて、道東や道北へと延びてゆきます。このような自然地理的および人文地理的な環境のもとに、北海道ゾーンVには遺跡の数も多く、すなわち人口も大きかったことが想定されます（図7a・b）。

イースター島のモアイ像に関する解釈をそのまま引き合わせることはできませんが、多くの周堤墓が造営されたこの地域においても、人口の増大によって生じる社会的な軋轢を平和的に回避する手段として、交易の要衝であるがゆえに貯えられた〈富〉(たとえば交易品としてのヒスイなどの希少財)や集団的な力を、「神々と祖先の崇拝」のためのモニュメントとしての周堤墓を競覇的に造営する活動へと振り向けることが起こったのかもしれません。競覇的造営といった在り方が想定されるのは縄文後期後葉の北海道ゾーンⅤの周堤墓ですが、北海道ゾーンⅣと同ゾーンⅠにおいても、数は極端に少なくなりますが周堤墓は造営されています。では、あらためて、この分布の極端な偏りはどのような理由によるのでしょうか。

縄文後期前半では、地域社会にとって祖先観念と結びつく墓地や斎場として機能をもった環状列石は、もう一つの社会的な機能として、本州最北部から道央にかけての遠隔の地域社会間を結び付けるセンター的な役割をもっていることを想定してみました。後期後半になると、対象とする地域は変わりますが、今度は道央から道東にかけての遠隔の地域社会を結び付ける文化装置として周堤墓が機能していたのではないかと考えられるのです。また、縄文後期後半以降、周堤墓が造営されなかった地域においては、同様な社会的な機能、すなわち広域にわたる遠隔の地域社会間をゆるやかにリンクさせるノード(結節点)としての機能を果たしたものとして、集落系の大規模記念物である盛土遺構が候補に挙げられます。

いずれにせよ、縄文文化の定義に新たに付け加えるべき内容として先に紹介したように、縄文文化の後半期の日本列島東部・北部地域には、各種の大規模記念物を抜きにしては語ることのできない状況が生じていたのです。これらの大規模な構築物が、弥生文化以降に顕著になる、生産した食料や鉄などの〈富〉の蓄積を背景として生じた権力や階級といった集団内・集団間の社会的な仕組みとは関係なく実現したところにこそ、縄文文化の特色と魅力を認めることができるでしょう。

人類史と人類文化の多様性

アフリカ大陸でチンパンジーの祖先から分岐して進化した人類の祖先は、狩猟採集といった食料獲得の移動生活の段階から、やがて農耕牧畜といった食料生産の定住生活の段階へと進む。食料の安定的な供給と定住生活によって人口は増大し、社会はますます複雑化して都市が生まれる。各地に生じた都市は、周辺に版図を広げながら、時に連携し合い、時に他方を併呑しながら、古代国家へと成長する。

これは、欧米の研究者が中心となって西アジアや地中海地域での事例を主に取り扱いながら築き上げてきた人類史観です。確かに一面では歴史的な事実を語っているかもしれませんが、あまりにも一様的すぎるきらいもあります。従来、縄文文化はこのような普遍的

◉アンケートにご協力ください

・ご購入書籍名

・本書を何でお知りになりましたか

□書　店　□知人からの紹介　□その他（　　　　　　　　　　　　　　）

□広告・書評（新聞・雑誌名：　　　　　　　　　　　　　　　　　　　）

・本書のご購入先　□書　店　□インターネット　□その他

（書店名等：　　　　　　　　　　　　　　　　　　　　　　　　　　　）

・本書の感想をお聞かせください

＊ご協力ありがとうございました。このカードの情報は出版企画の参考資料、また小社からの新刊案内等の目的以外には一切使用いたしません。

◉ご注文書（小社より直送する場合は送料1回290円がかかります）

書　名	冊　数

POST CARD

恐れいりますが
切手をお貼り
ください

113-0033

東京都文京区本郷
2-5-12
新泉社

読者カード係 行

ふりがな		年齢	歳
お名前		性別	女・男
		職業	
ご住所	〒 都道府県 区市郡		
お電話番号	- -		

新泉社
TEL 03-3815-1662
FAX 03-3815-1422

御所野縄文博物館 編

環状列石ってなんだ

定価

ISBN978-4-7877-1819-8
C1021 ¥1800E

9784787718198

注文数 冊

注文カード

人文ー考古学

NR分類

貴店名・帖合

考古学

売上カード

御所野縄文博物館

環状列

列石っ

ISBN9

な人類史観に対して例外的であると評価されてきました。しかし、縄文文化の研究の新たな成果は、単線的な欧米的「人類史」観のみでは語りつくすことのできない人類文化の多様性を示すものであり、それゆえに未来に向けてのわれわれが歩み出す人類史の可能性を示唆してくれているのだと思います。

世界遺産と縄文文化

豊富な石造構築物からなる遺跡が世界遺産として登録される傾向がいまだ強い情勢にあって、縄文文化の遺跡群を世界遺産に登録することの意義はなんでしょうか。従来の登録要件を満たすような遺跡を選び、またそれに見合った整備をすることが、求められているのでしょうか。環状列石に用いられた「大きな石」も、ヨーロッパの新石器文化の巨石記念物の「巨石」と比べれば、だいぶ見劣りしてしまいます。

もちろん石も使用しますが、それ以上に土や木材をふんだんに使用して作り上げた感の強い縄文の大規模記念物（モニュメント）。さらに湿潤な自然環境は多くの有機質の部材を土に帰してしまいます。そのような縄文の遺跡群が世界遺産へ登録されることの意義は、これまでの世界遺産登録の基準や視点そのものに対する、ある意味での異議申し立てであり、それを相対化させることによって、人類史の未来への可能性を指し示すことなのかもしれません。

参考文献

北海道埋蔵文化財センター　二〇〇〇『北海道埋蔵文化財センター調査報告書第一四四集　キウス4遺跡（5）』

小杉　康　二〇〇一「巨大記念物の謎を探る」『新・北海道の古代一　旧石器・縄文文化』北海道新聞社

小杉　康　二〇一三「大規模記念物と北海道縄文後期の地域社会について（予察）」『北海道考古学』第四九輯

C・レンフルー（大貫良夫訳）一九七九『文明の誕生』岩波現代選書

佐々木憲一・小杉康ほか編著　二〇一一『はじめて学ぶ考古学』有斐閣

大谷敏三　二〇一〇『シリーズ「遺跡を学ぶ」七四　北の縄文人の祭儀場　キウス周堤墓群』新泉社

秋元信夫　二〇〇五『シリーズ「遺跡を学ぶ」一七　石にこめた縄文人の祈り　大湯環状列石』新泉社

高田和徳　二〇〇五『シリーズ「遺跡を学ぶ」一五　縄文のイエとムラの風景　御所野遺跡』新泉社

埋めない墓：環状列石と墓

小林　克（元秋田県埋蔵文化財センター所長）

環状列石への新たな接近

環状列石、ことに東北地方北部のそれは、従来から墓地説と祭祀場説の二説に分けて説明されてきました。近年では、これらに加えて天体運行との関係が唱えられ、さらには環状集落説も加わって、定まるところがありません。それは、きわめて特徴的な石造遺構ながら、評価の視点がさまざまにとられていることが要因でしょう。

私はかねて伊勢堂岱遺跡など自身の調査経験を踏まえ、墓地説の立場で環状列石を考えてきました。しかし、そもそも「墓」は過去から現在にいたるまで、どのような様態で存在し、社会と関わる儀礼をどのように備えてきたかを認識せずに、評価を続けることは困難ではないかと考えるようになりました。つまり、発掘調査から得られる考古学的知見のみでは、墓であることを説明しきれない状況に至っているのではないか、そう考えるようになったのです。考古学的な知見は知見として、かつ、従来の墓地説の社会論的側面を一部否定することになるとしても、そうした認識に一度は至らなければならないでしょう。

葬法を見直す

「墓」は亡骸を葬った場所です。その具体的イメージは「埋葬」、すなわち土に埋めることが一般的と思いますが、遺体はただちに埋葬される場合ばかりではありません。

戦前の歴史学・考古学者で、日本考古学史上有名なミネルヴァ論争の一方の当事者である喜田貞吉は「本邦古代墳墓の沿革」(『旅と傳説』第六年七月号、一九三三年)の中で、次のように述べています。

「屍体をその家においた儘生存者が他に逃れると云ふ事で、古語に奥津棄戸(おくつすたへ)とあるのは、是を語るものではなからうかと解されて居る。石器時代の竪穴遺蹟、例へば有名なる下総の姥山貝塚なる竪穴の中から、数体の人骨が現はれた事の如きは、或いは之に当たるものであるかも知れぬ」

喜田は、石器時代には遺体をそのまま住居に遺棄した場合があったのでは、と考えたようです。喜田も例示しているように、千葉県市川市の姥山貝塚は、成人男女各二名と子ども一名、計五名の人骨が発掘された竪穴住居で知られた遺跡です。

　また喜田は遺体の処理として、いくつもの方法があったことを述べています。

「種々の方法が行われる。いわゆる水葬、風葬、火葬、土葬等の葬法が起ってくるのである……現存の遺蹟からこれを見れば、わが邦では古く土葬が普通に行われたようである。しかしこれは土葬の場合の遺蹟のみが今日に見るを得るのであって、他の葬法によったものは、なんらその蹟を遺しておらぬのであるかも知れぬ。平安朝ごろの記録によると、屍を賀茂川に流したり、あるいは山に棄てたりしたことがはなはだ多く散見している。すなわち水葬、風葬も、同時に行われた」

　なるほど水葬、風葬、火葬、土葬などの各種の葬り方を私たちは知識として知っています。しかし、喜田は考古学的に確認できるのは土葬のみとして、葬制研究での考古学的方法の限界を指摘したのです。腐朽してなくなるという以前に、最初から遺体が消えてなくなる葬法がある、これが喜田の認識です。現在なら目に見えなくとも、科学的分析を駆使して人の遺体存在を判別可能かもしれません。しかし、たとえそうだとしても考古学的知見に限界があることに変わりありません。

　そこで切り口をまったく替えて、「葬」という文字の意味を考えてみましょう。葬は、「茻」（ボウ）と「死」と「一」の三つの漢字でできています。漢字の成立とその原義とを説明する説文には「死の茻中に在るに従ふ。其の中に一あるは、之れに薦むる所以なり」

図1　鳥居龍蔵が記録した朝鮮半島の「草墳」
（1911、1912、1914年のいずれかに撮影された）

とあります。つまり、「ほうむ（葬）る」とは、本来、敷物の上に載せた遺骸を草で覆うことです。土に埋めることではないんですね。

こうした葬り方、地上の墓が、東アジアではかつて行われていました。鳥居龍蔵は、朝鮮半島の「草墳」について記録を残しています（図1）。棺を埋葬せず、藁の屋根を葺いて安置し、遺骨になって後にそれを取り出して正式に埋葬する複葬の慣習です。朝鮮半島では李朝末期までは広く行われていたようです。

また考古学者の駒井和愛は「日本の縄文土器と中国の縄蓆文土器」（『国華』七二―五、一九六三年）で「中国の古代では甕棺は小児用か、薄葬用のものとされていたが、その甕に縄蓆文がついているのは、製法上のことであるとはいえやはり縄蓆をもって、死骸を包んだり、おおっていたことの名残をしめすものにほかなかろう」と記し、古くは草を編んだ蓆（＝筵）で覆った葬送があったことを指摘しています。

蔵骨器としての土器

中国の縄蓆文土器は、撚り紐を巻きつけた木製ヘラで焼成前の土器の表面を叩いて縄目をつけた土器ですから、土器の表面で撚り紐を回転させてつける日本の縄文土器とは製法が異なります。しかし、いずれも縄目が全面に施されるのには違いがありません。駒井はそうした縄目がもともとは筵やゴザのようなものを表し、それで覆われた土器が棺として使われていたのは、筵やゴザで包んだ葬法が実際にあったからと推論したのです。当然に議論は日本の縄文土器に及びます。その中でも駒井説によく適うのが、東北地方北部を中心とする土器です。

東北地方北部から北海道南部にかけて環状列石が分布する地域には、その登場以前の縄文時代前期～中期に、三内丸山遺跡に代表される円筒土器文化の遺跡が展開します。それら遺跡ではその名どおりの筒形土器が、棺と判断される状態で見つかることが多くあります。そして環状列石が登場する後期になって、成人の二次葬墓として洗骨葬の土器棺が登場します（図2）。

明治時代の青森県の考古学者である佐藤蔀は、花巻村（現・青森県黒石市）千葉某氏園地

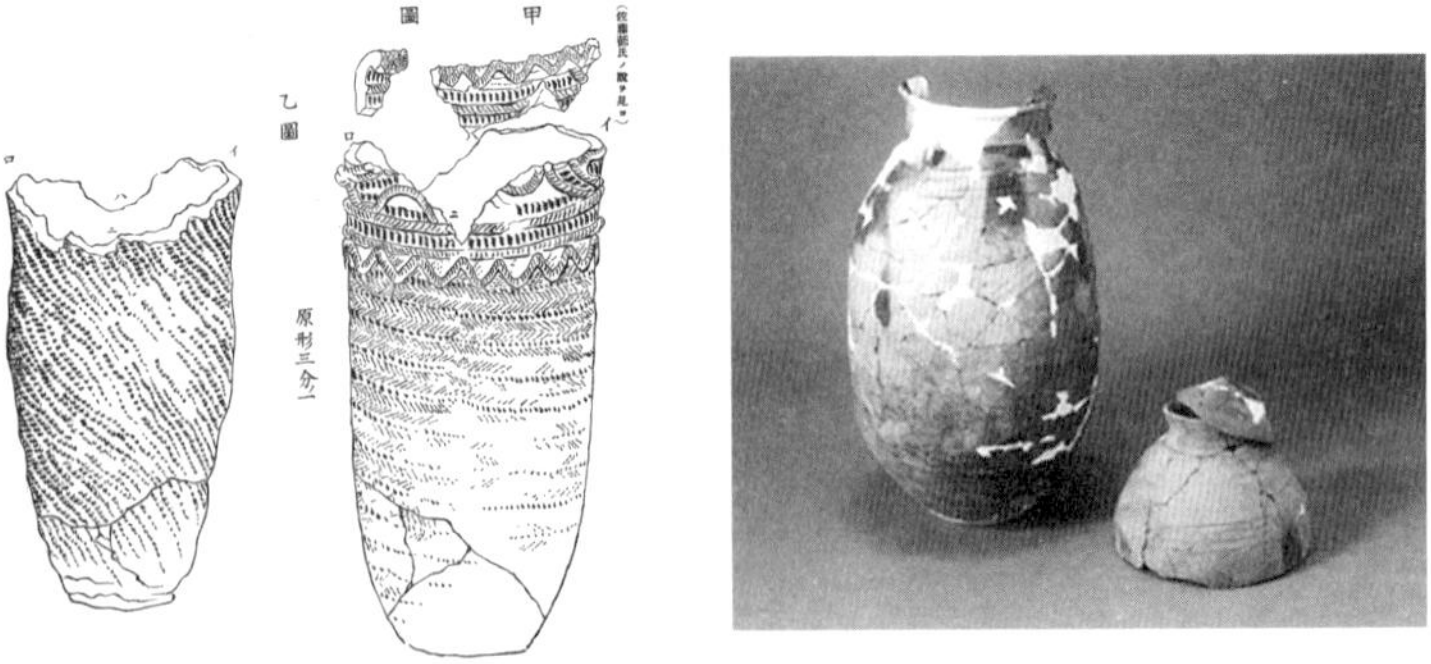

図２　縄文時代中期の円筒土器、後期の洗骨葬壺（甕）棺
左：佐藤蔀の示した花巻村出土の円筒土器
右：小牧野遺跡（青森市）出土の洗骨葬の土器棺

修繕の際出土した「富士形」と称する「山形土器」（円筒上層b式土器にあたります）が、「外辺小石ヲ以テ詰タリ」と故意に埋め込まれた状況であり、「白骨ヲ納シ物ナラン歟」と蔵骨器説を述べています（『東京人類学會雑誌』四五、一八九六年）。石器時代の墓としての土器の認識の始まりです。

戦前の秋田県の考古学者、武藤一郎も、荷揚場村（現・秋田県能代市二ツ井）の上の岱遺跡で、「朝顔形の土器で、其口縁は第二層の木炭層に僅かに顔を出し器底は第四層の地山に四五寸喰い込んで眞直に立っていた」土器を、蔵骨器としています（『秋田考古会誌』一―四、一九二七年）。学史上この二例は、直立して出土した円筒土器を蔵骨器と考えた早い例にあたります。

大正時代に活躍した徳島県の考古学者、笠井新也は、南津軽郡北中野村（現・青森県青森市浪岡）の天狗岱遺跡で掘り出された土器中の人骨が、小金井良精により成人骨と同定されたことを踏まえ、「件の人骨には何等焚焼の痕跡をとどめない」「高さ一尺五寸、径一尺一寸の甕の中に成人の屍體は到底入れることは出来ない」「これを合理的に解釈し得る考案は唯一つしかない……それは洗骨式葬法の推定である」と、土器に入れられた人骨が洗骨葬であると推定しました（『考古学雑誌』九―二、一九一八年）。

喜田貞吉も、東津軽郡野内村大字久栗坂（現・青森市）にある山野峠遺跡から石室（石棺）内に納められた状態の甕棺が出土し、内部から人骨が出土したことを踏まえ、「遺骨は頭蓋骨も、大腿骨以下も諸骨も、ともにゴッチャにして詰め込んだもので、今も現に琉球に見る洗骨式葬法の骨に見るところと同様である」「屍体埋葬と、洗骨による葬法との間に、民族上、また、土俗上、果たしてどんな関係があったかは、将来大いに研究を要する一題目でなければならぬ」と洗骨葬が行われていたと指摘しています（『歴史地理』六三―六、一九三四年）。

そして、青森県五戸町（旧・倉石村）の耕作地で一九七七年、耕作中に三個の大型土器が発見されました。薬師前遺跡です。三個のうち一つの土器からは壮年期女性一個体分の骨が見つかりました。骨は大腿骨・脛骨・上腕骨が立てまわされた中に頭蓋骨が置かれ、さらにその上に肋骨・椎骨が置かれていました。それらにはイノシシの牙製垂飾品一二点がともない、左橈骨および尺骨にはベンケイガイ製貝輪七点がはめられていました。四肢骨が分けられ装身具を備えていたものの、椎骨がきれいに連なった状態だったことから完全に骨化する以前、軟部組織の残っている間に土器の中に納められたと考えられます。

元青森大学の葛西励氏はこれと同じような土器棺墓が、津軽半島部を除く青森県、渡島半島南部、馬淵川流域の五〇カ所以上に分布し、縄文時代中期末（大木10式）から後期前葉（十腰内I式）の時期にあたることを調べました。そして土器棺墓は土器を母親の胎内と見なしてその再生を祈願した葬法であり、階層化した社会の限られた人物に適用された、と考えました。

円筒土器内部に骨が残った例は幼小児骨を除いてないと思いますが、天狗岱、山野峠、薬師前遺跡など後期前葉を中心とした時期には、明らかに成人遺体の再葬棺に使われた土器があります。遺体は骨化するまでの間なんらかの施設に安置され（一次葬）、その後ほぼ骨だけの状態になって土器に納められ（二次葬）ました。後期前葉にはこうした複葬の仕組みが、東北地方北部ではかなり一般化していたといえるでしょう。そして、その仕組みに環状列石が関係していたと考えられます。

縄文時代後期の東北北部、環状列石の構造

実際に青森市小牧野遺跡では、環状列石東側から一〇〇基ほどの墓が確認され、列石の内外列の間から三基の土器棺が出土しました。土器棺は再葬墓と見られますから、周囲に

一次葬の施設があったと考えられます。

大湯環状列石の万座、野中堂両環状列石の外側には、環状集落の竪穴住居にはない強い規則性の配置をもった建物遺構が見つかっています（図3）。同じ米代川水系の伊勢堂岱遺跡や高屋館遺跡でも同様の遺構が見つかっています。このような建物遺構にはある共通した特徴があります。一つは柱穴が大きいことです。大湯環状列石の場合には一つの穴の直径が一メートルを超え、深さも同じく一メートルを超える例があります。伊勢堂岱遺跡の場合にも大半の直径が一メートルほどで、深さもやはり一メートル近くあります。

そして、伊勢堂岱遺跡の柱穴底面には柱の重量で粘土化した例がいくつもありました。柱があたった部分だけが周囲と異なり灰白色の粘土質に変わったのです。柱が相当に重い構造を支えていたことがわかります。また、高屋館遺跡では根固めの石が詰め込まれた柱穴がありました。このような柱穴の規模や内部痕跡からは、地上の構造が住居のようなものではなく、かなりの高楼だったことが推定されます。

伊勢堂岱遺跡の建物遺構の柱穴には抜きとった痕跡が多くありました。非常に太い柱で高楼を建てながら頻繁に抜き去って再び建て直す、それを繰り返し行ったことがうかがわれます。そして建て替えながらも、全体として環状列石外周の円周上にきちんと沿います。住居の並びとはくらべられないほど強い配置上の規制があって、その規則を逸脱せずに建て続けられたことが予想されます。

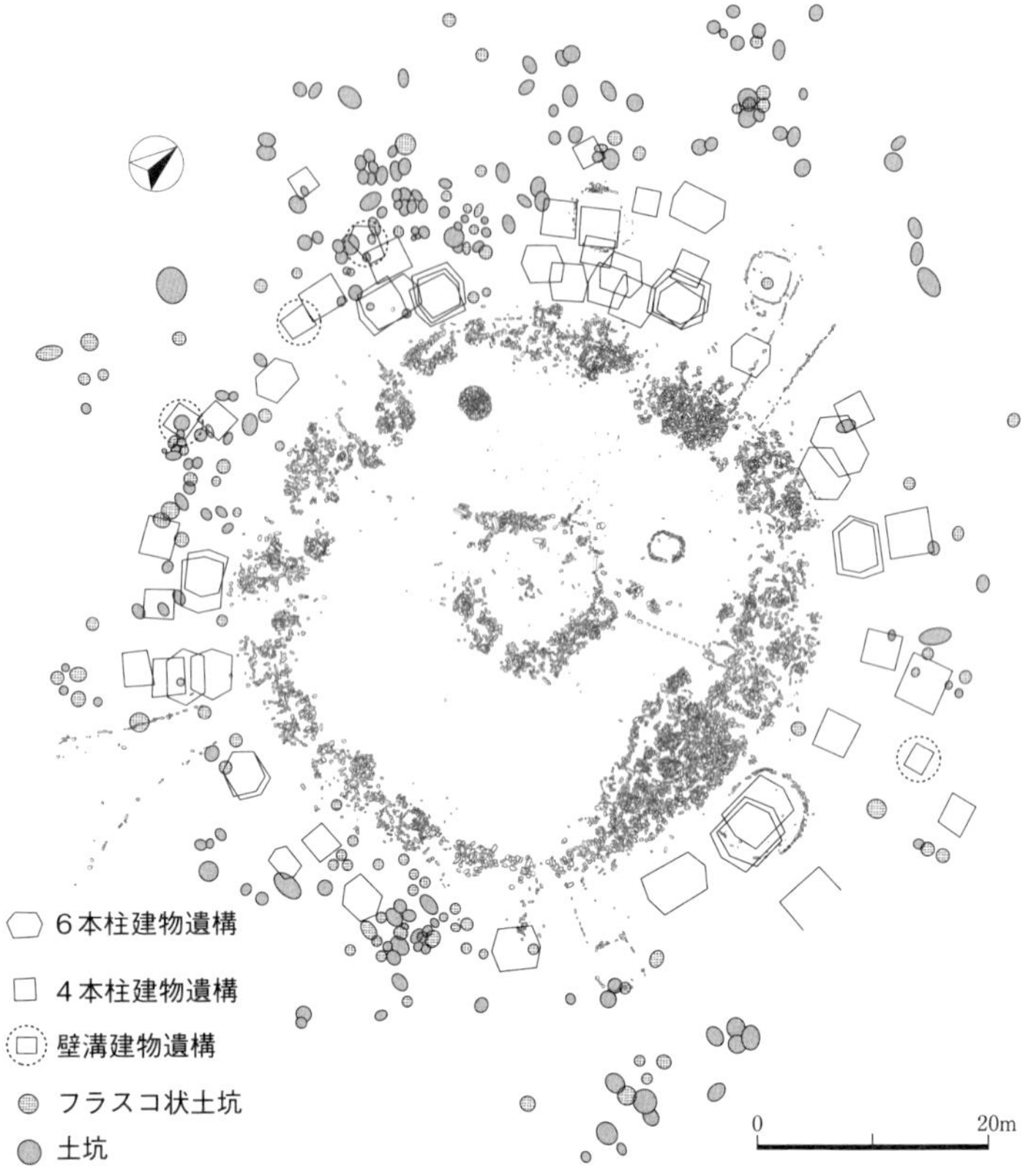

図３　環状列石をめぐる建物遺構
大湯環状列石（秋田県鹿角市）・万座環状列石の外側の建物遺構は、
環状集落の竪穴建物（住居）にはない強い配置の規則性を示している。
（鹿角市教育委員会の許諾を受け、（有）長谷川測量設計作成のCADデータに加筆）

最近では米代川流域だけではなく、白神山地を越した青森県西目屋村の津軽ダム地内でも同じような遺跡が見つかっています。列石こそありませんが、直径が一メートルを越え、深さも〇・五～一メートルの大きな柱穴の建物遺構が、直径六〇メートルの円周上に整然と並んだ遺跡、砂子瀬遺跡です（図4）。後述しますが、こうした高楼が立ち並ぶ景観はおそらく北方的な樹上葬など、高所葬の伝統に連なるでしょう。一次葬として高楼上に遺体を安置して骨化が進められたのではないか、と考えられます。そして一定期間の後、遺骨は改めて土器に納め埋めるか、もしくは別に処置されたと考えられます。その際、遺体を安置した高楼はいったん役目を終えて解体され、柱が抜き去られたのでしょう。

図4　砂子瀬遺跡（青森県西目屋村）の環状に分布する掘立柱建物遺構（左が北）

伊勢堂岱遺跡の土器棺は、環状列石周辺にある大型の土坑近くに点在します。ベンガラを塗ったり、文様に取り込むようにあらかじめ透かし孔を開けて装飾した壺などは、明らかに棺として作られた土器だったことを示しています。

大型の土坑は竪穴住居ほどもある広さの竪穴が地面に掘り込まれたものですが、

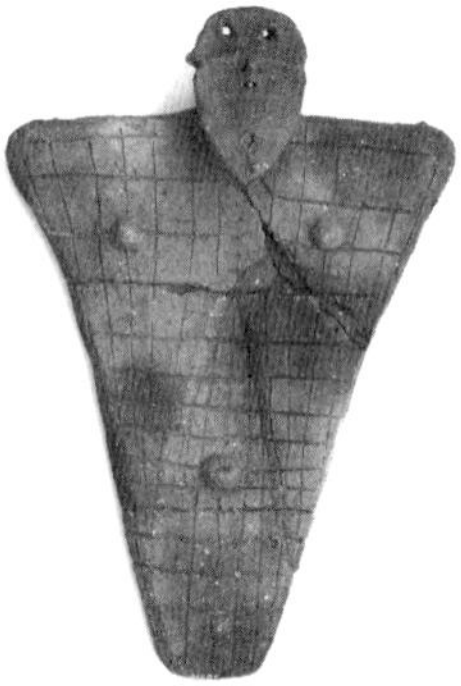

図５　伊勢堂岱遺跡（秋田県北秋田市）の大型不整形土坑（282号）と出土した板状土偶

覆っている土を取り除くと底面に凹凸が目立ち、何度も掘り返して埋まる過程を繰り返した遺構であることがわかります。覆っている土に木炭や焼土の粒が多く混じり、土器や石器などの遺物も多く出土するのですが、住居のような囲炉裏はなく別の目的で作られた遺構と判断され、「大型不整形土坑」と呼ぶようになりました。

さまざま特徴がありますが、大きな竪穴の中にさらに小型の土坑がいくつも掘られたもの、竪穴の中を埋める土が薄い層となって何枚も重なり、それらがまとまった単位でさらに重なるもの、また、周囲に小さな柱穴が並び、簡単な上屋が掛けられていたと思われる例もあります。たくさん遺物が出土しますが、二八二号土坑からは、伊勢堂岱遺跡のシンボルとなった板状土偶の頭部と胴体が上下に異なる層位から出土し、接合しました（図５）。

このような大型不整形土坑の性格がどのようなもの

図6　上里遺跡
（岩手県二戸市）のフラスコ状土坑

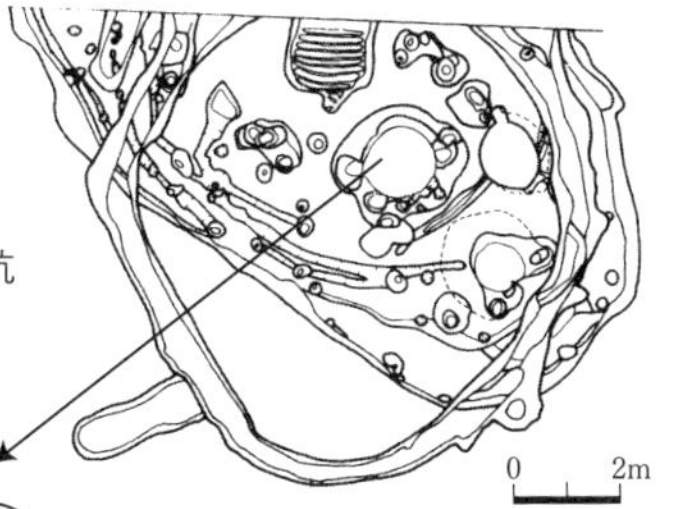

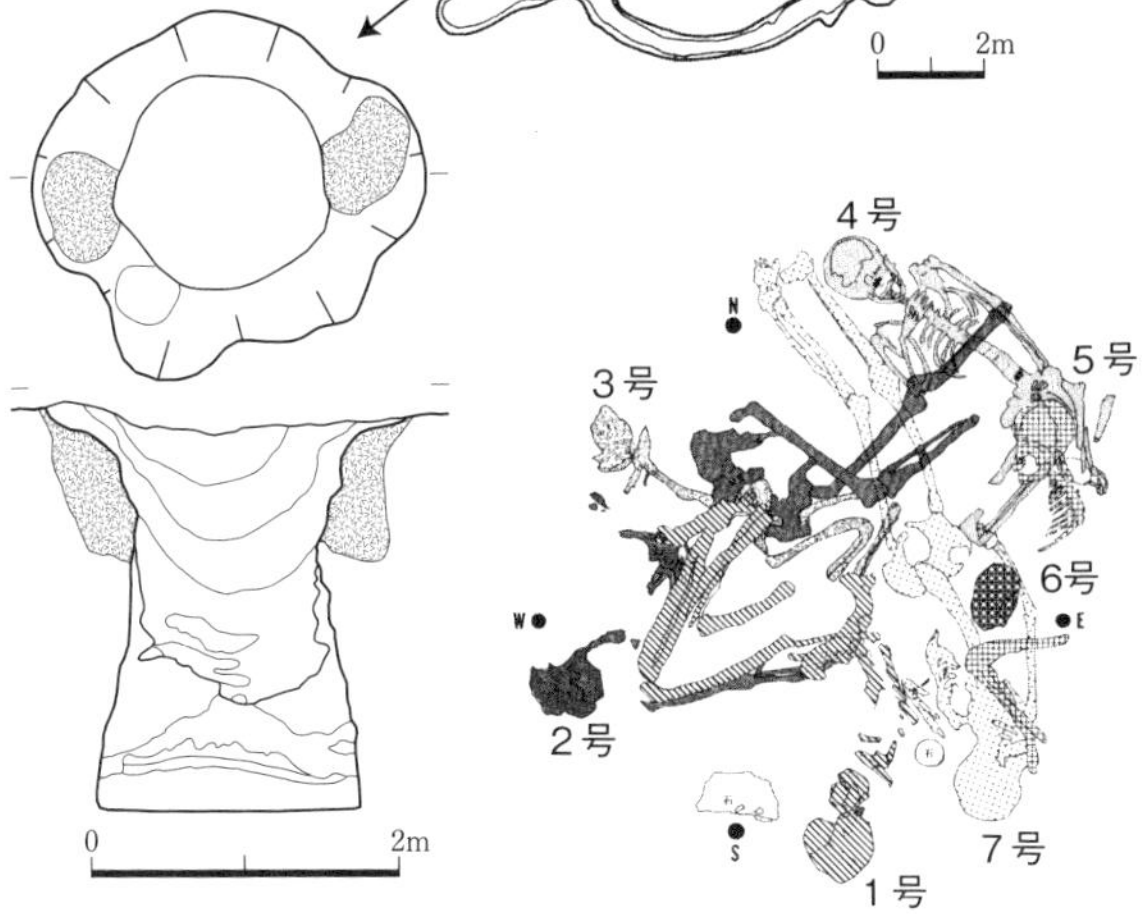

か考える際、注意したいのは、環状列石の登場以前、前期末から中期のころに東北地方北部から北海道南部地域に広がった円筒土器文化での特徴的な墓制です。フラスコ状土坑と呼ばれる開口部が狭く、底部が広い土坑から人骨が出土し、墓として使われたことが確認できるのです。いくつかの例では遺体が複数埋められて見つかっています。

北海道渡島半島の八雲町栄浜1遺跡では九体、青森県七戸町二ツ森貝塚では八体、岩手県二戸市上里遺跡では七体の人骨が一つの土坑内から見つかっています（図6）。時期には少し幅がありますが、前期末、円筒下層d式期のころから、中期後半榎林式期にかけてとられた墓制のようです。

土坑は住居跡の中に作られる場合もあれば、住居の外側の場合もあります。栄浜1遺跡では、二列の住居跡群にはさまれた幅三〇メートル、長さ五〇メートルほどの空間に数多くの土坑がありました。そのうちの一つ、一八五号土坑から九体の人骨が頭蓋骨を土坑の壁際に沿わせるように見つかりました。そして五体の人骨からそれぞれ一点ずつの石鏃が出土し、弓矢で傷ついた遺体が埋められたのではと考えられました。また、それら人骨の上は二十個以上もの河原石で覆われていました。

栄浜1遺跡の場合は、たとえば戦いで傷ついた遺体をまとめて葬り、上を石で覆ったと考えられる例ですが、二ツ森貝塚、上里遺跡の場合は狭いながら口が開いた状態の土坑に、次々に遺体を葬っていったと考えられます。すなわち、死者の発生に応じて一つの墓穴を掘り、その中に遺体を納め、土を埋め戻して墓にするという一般に考えられる埋葬とは異なり、一か所の穴に遺体を追葬する方法で送っていたようです。同じ穴に時を違えて次々遺体を葬ってゆく、フラスコ状土坑を墓穴にする墓制の特徴は一言でいえばそう言いあらわすことができます。

ちなみに、大島直行氏は、このフラスコ状土坑を一般に考えられる貯蔵穴ではなく、はじめから墓として機能した穴であることを述べています。しかし、そうした墓制も円筒土器文化がより南の大木式土器文化の影響を強く受け、大きく変容する中期後半（最花式期）には見られなくなります。そして代わって登場するのが大型不整形土坑です。

典型例は三内丸山遺跡で粘土採掘坑ともいわれた竪穴遺構です。野球場の建設予定地の東側にあり、大小一〇基の遺構があります。この区域は遺跡の東側からたどってくる道と、その両側に並んだ墓列が延びる場所にあたります。多くの墓と見なされる土坑があるのですが、その間に竪穴遺構が作られていました。最も大きな一号竪穴遺構は二〇・五×一九メートルの大きさがあり、面積は三二五平方メートルもあります（図7）。

調査した小笠原雅行氏は、「壁は直線状に外傾しながら立ち上がる部分もあるが、褐色で粘性の強い火山灰に達した時点でフラスコ状に横掘りする部分も認められる。底面は凹凸が激しく、約〇・五〜三メートル前後の円形・楕円形あるいは不整形の落ち込みが連続する。深さは最深部で六一・一センチメートルである。……層中・下位では黒褐色土・暗褐色土が主体で、底面付近でロームが粒状・ブロック状に混入する。また壁際ではローム塊が認められ、下部を横掘りした上部の崩落土と考えられる。……層中位・下位および底面からは第Ⅲ群9類（筆者註：最花式）を中心に出土した。また磨製石斧が底面から、堆積土から石鏃、不定形石器、礫石器が多数出土した」と報告書に述べています。

このうち、「褐色で粘性の強い火山灰に達した時点でフラスコ状に横掘りする部分も認められる」との観察が粘土採掘坑説の根拠ですが、粘土採掘坑としては異常に多い土器や

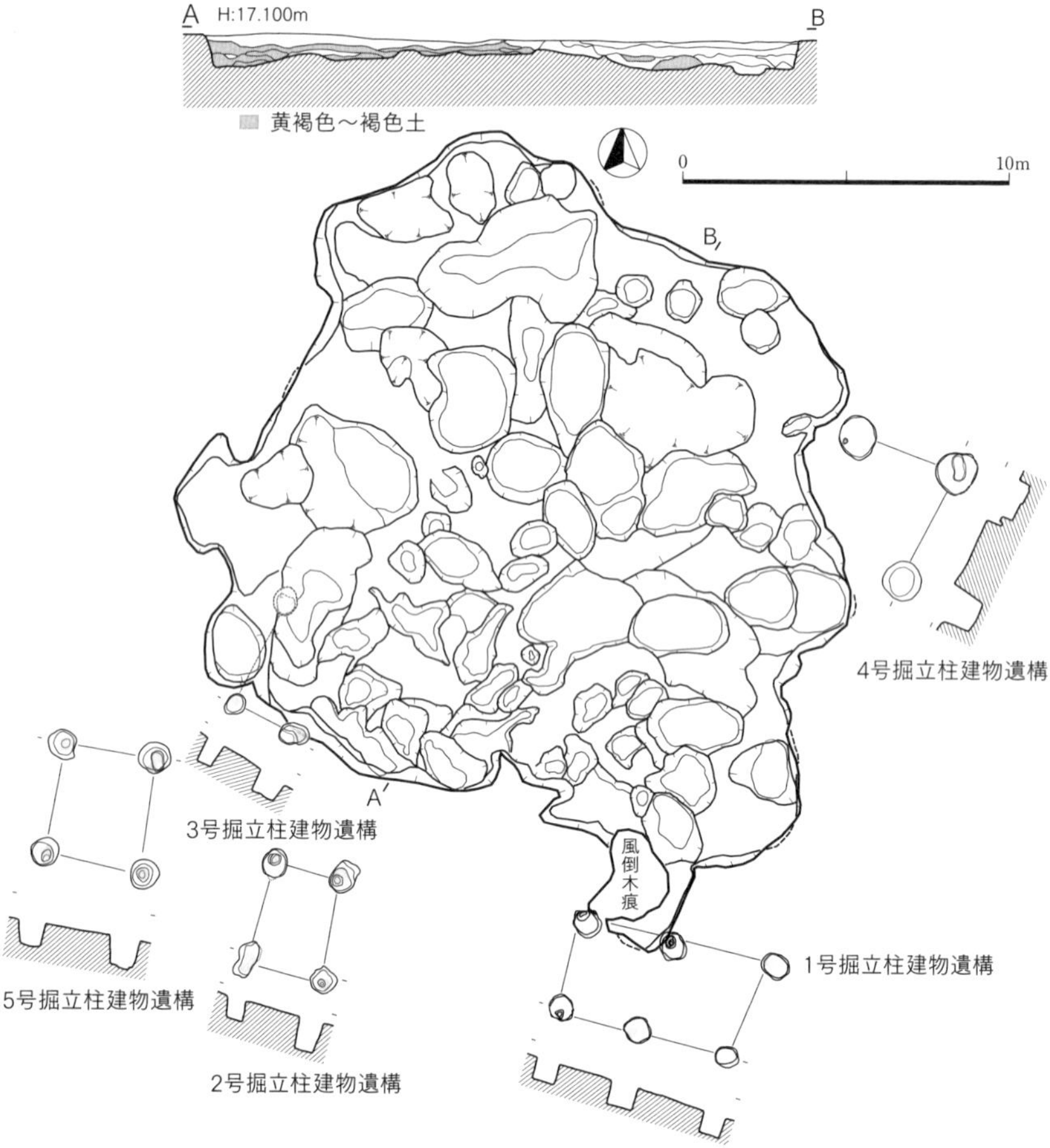

図7　三内丸山遺跡（青森市）の竪穴遺構と建物遺構

石器が出土し、かつ土器の胎土分析の結果でもその可能性は否定されています。そして逆に注意されるのが同じ記述にある「フラスコ状に横掘りする部分」「底面は凹凸が激しく、約〇・五～三メートル前後の円形・楕円形あるいは不整形の落ち込みが連続」「壁際ではローム塊が認められ、下部を横掘りした上部の崩落土と考えられる」という説明です。

これらは伊勢堂岱遺跡での大型不整形土坑と共通する特徴です。特に「〇・五～三メートル前後の円形・楕円形あるいは不整形の落ち込みが連続」する点は、伊勢堂岱遺跡の二八二号土坑の特徴そのものです。おそらく、三内丸山遺跡の竪穴遺構も伊勢堂岱遺跡の大型不整形土坑も、より小さな土坑――それはフラスコ状土坑のように下部を横掘りして作る穴でしょう――を、なんらかの理由で何度も掘った結果にできた遺構と考えられます。そしてその理由は「同じ穴に時を違えて次々遺体を葬ってゆく」、円筒土器文化でのフラスコ状土坑を使った墓からの伝統にあると考えられます。

先に述べた前期末～中期半ばまでのフラスコ状土坑とは異なり、三内丸山遺跡でも伊勢堂岱遺跡でも、このような遺構から人骨など遺体痕跡は見つかっていません。それでも墓としての機能を推測するのは、三内丸山遺跡の一号竪穴遺構には伊勢堂岱遺跡や大湯環状列石、あるいは高屋館遺跡で見るような、大型の柱穴からなる建物遺構が五基も取り付いているからです。

はじめに建てられた三号、四号の建物遺構は竪穴遺構が広がることで柱穴が削りとられ、その外側に位置する一号、二号、五号の建物遺構が六本柱、四本柱の建物遺構として残っています。これら柱穴は大きいものでは径一メートルを超え、深さも一メートル近くあり、柱痕跡も径四〇センチほどです。やはり、普通の住居の柱を立てた穴とは考えられず、その太さに応じた高い構造を想定すべきです。

このような大きな柱穴を備えた建物遺構は中期の半ばあたりから登場するようで、六ヶ所村富ノ沢（2）遺跡でも確認されています。そして、三内丸山遺跡では北盛土の西側に直径一メートルを超える柱材が見つかった巨木柱遺構があります。高さ一四・七メートルに復元された三内丸山遺跡のシンボルともいえる遺構ですが、北米北西海岸の民族誌を参照すればこのような高楼上にも納骨堂を祀った例があります。

おそらく、前期末に始まる円筒土器文化の墓制伝統、すなわちフラスコ状土坑を用いる「埋めない墓」の伝統が、大陸の北方的な樹上葬、風葬伝統を受け入れ、東北北部を含む地域で独自の発達をなした、それが中期半ばごろに始まる大型の建物遺構ではないかと考えられます。大型建物で示される高楼上の一次葬と、その後の二次葬という際だった複葬の仕組みが成立したのです。二次葬には洗骨葬用の壺も登場したのですが、それ以外にもフラスコ状土坑以来の「埋めない墓」の伝統をもった三内丸山遺跡の竪穴遺構が作られ、そして伊勢堂岱遺跡などの大型不整形土坑に引き継がれたと考えられます。

ところで、前期から中期にかけて本州側と同様の円筒土器文化が展開し、フラスコ状土

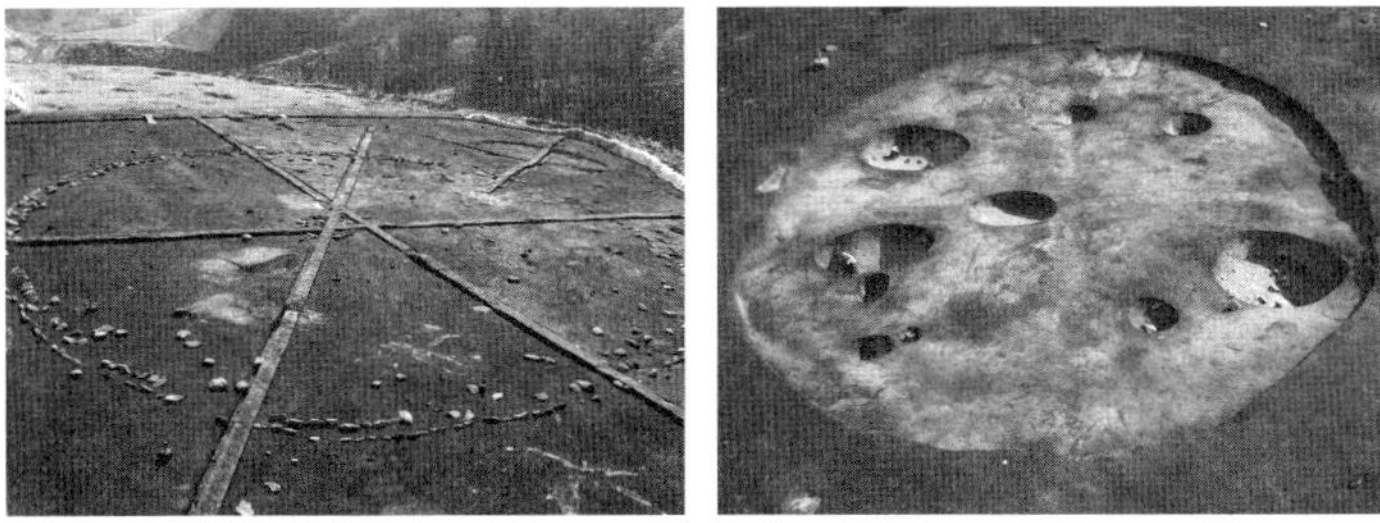

図８　鷲ノ木遺跡（北海道森町）の環状列石と竪穴墓域

坑を用いた特徴的な墓制も同じく認められた北海道渡島半島部で、今から十五年ほど前、東北地方北部と同じような規模・形態の環状列石が初めて見つかりました（図８）。渡島半島噴火湾に面した森町の鷲ノ木遺跡です。遺跡は直径約三四〜三七メートルの環状列石が見つかった段階で保存されたため、列石が組まれた下の構造や、伊勢堂岱遺跡や大湯環状列石のような建物遺構が列石周囲を取り囲んでいたかは明らかにされていません。しかし、本州側の環状列石に特徴的な大型不整形土坑を考える上で、とても示唆的な遺構が見つかりました。「竪穴墓域」と名づけられた環状列石の南側で見つかった遺構です。

遺跡を覆う駒ヶ岳の火山灰が直径一〇メートルほどの円形範囲に落ち込んでいたため、当初は大型の住居跡があるのではないかと見られていました。しかし、その火山灰を取り除き、さらにその下の遺構を覆う土を除いた結果、直径九・二〜一一・六メートルの竪穴の中に、墓と推定される七つの土坑があることがわかったのです。土坑は屈葬ならば成人遺体でも納めることのできる大型四基と、幼小児の遺体が納められる程度の小型三基からなります。土器や石器以外に目立った遺物はありませんでしたが、大型の土坑を覆う土からは炭化物や焼土、黄褐色土が面として広がる層が確認されました。遺体が直接に納められ埋葬が完結したこと、すなわち一次葬のままの墓であることを示します。

渡島半島からさらに北の石狩低地帯では、環状周堤墓という縄文時代後期末の北海道独自の墓制があり、鷲ノ木遺跡の竪穴墓域もそれとの関わりで考えられています。しかし、時期的ないし地理的な近さを考えれば環状周堤墓よりも、むしろ本州側の環状列石が備える大型不整形土坑との対比で見た方が良いのでは、と思います。

大きな違いは鷲ノ木遺跡の竪穴墓域の土坑墓は、遺体がそのまま納まる規模があり、炭化物・焼土など面的に広がる層によって、それぞれが独立し一次葬として完結することです。そして竪穴墓域にまとまるこれら土坑が仮に一世帯の成員の墓であるなら、本州側の大型不整形土坑もまた世帯的なまとまりを想定できる可能性があります。一次葬である高楼の建物で骨化され、二次葬として最終的に処置された大型不整形土坑もまた、世帯としてまとめる関係だったことを鷲ノ木遺跡は示しました。

墓地の側面で見る環状列石の構造は、列石＋建物遺構＋（大型不整形）土坑あるいは竪穴墓域、です。そして、おそらく建物と大型不整形土坑ないしは竪穴墓域の対比に、複葬か否かの関係が表れる、と考えられます。本州側の一次葬から二次葬に至る複葬と渡島半島側の一次葬で完結する違いが認められます。しかし両者ともに、全体が環状列石で墓地であることが明示される、といえるでしょう。そして、このような観点に立てば、列石を欠いたとしても大型の建物遺構や大型不整形土坑、そして竪穴墓域が認められれば、遺跡に中期から後期にかけての墓制伝統は示されている、と見てよいでしょう。

北方少数民族の葬制と「骨掛け」儀礼

一次葬としての建物は、北方的な高所葬と関わる可能性があります。

アラスカ南東部のトリンギット・インディアンの社会では、リーダーの遺骸は火葬され、臨時に保管された後、最終的に柱の上の納骨堂に納められます。この最終葬に、破滅的ともいえる財物の大量消費が行われるのですが、それがポトラッチ（potlatch）であるとされます。

民俗学者の江守五夫氏は、人類学者、大林太良の著作『葬制の起源』をもとに東北アジアの樹上葬・台上葬の分布を論じ、カムチャッカ半島から西シベリア、沿海州にかけて樹上葬や台上葬が分布し、朝鮮半島にもその衰退形があったことを図示しています。

アムール川流域に暮らすオロチョン族、エヴェンキ族にも樹上葬、風葬があります。大木を割り中をくりぬいたり、あるいは板材を組み合わせたりして棺とし、遺体を納めて林

図9　オロチョン族の樹上葬墓
（永田珍馨1969よりトレース）

の中の樹の上に載せて置くものです。棺の両端につく棒は櫂を表し、死者が昇天するのに使用するとされます（図9）。

A・N・アルバツージは、ロシア東部、バイカル湖北東を流れるビチム河中流で、一九三〇年代に作られた樹上葬、風葬棺の構造を調査しました。丸太分割で作られた棺、板材で作られた棺の二種があり、立木を利用した支柱の上に載せられること、成人であれば男女を分ける副葬品の別（男性：鍋、女性：茶壺）があること、年齢が高い者は太い支柱の上で高さ一メートル、子どもは細い支柱で高さ二メートルに設置されることなどを、五基の樹上葬墓の規模・特徴などとともに報告しています。

こうした樹上葬、風葬など高所葬の伝統は、日本列島の日本海側の「骨掛け儀礼」にも残っています。

先ほど見ました江守五夫氏は列島の民俗事例を図10のようにまとめています。骨掛けの葬制がAからDの四例、〃骨かけの木〃の伝説が六例あります。江守氏は大林太良の『葬制の起源』や他の文献からこの図をまとめたようです。

このほかに、最上孝敬「骨掛けの習俗」には、「山形県北村山郡の習俗……火葬した骨を菰に包んで両端を縄で縛り、墓地の樹に縛りつけておいた」という記事があります。大島建彦「石川県河北郡の骨掛け習俗」にも、「火葬した骨を菰に包んで、一定期間墓地の樹に吊しておく習俗」という記事があります。

また、上別府茂「わが国の骨掛葬法について」には、「サンマイ（註：火葬場）で「上骨」

●は骨掛けの葬制、▲は“骨掛けの木”の伝説
●Aは森謙二氏、▲2は藤田富士夫氏から聴取、▲3が西山郷史の文献、その他はすべて大林太良『葬制の起源』から

図10　骨掛け葬制と骨掛けの木伝説例
（江守五夫1989より、一部改変）

図11　秋田県三種町川尻墓地の「アトミラズ」（2011年12月19日、筆者撮影）

（喉仏を含む頭蓋骨）と、「下骨」（脊椎・手足など骨）に分骨し、「上骨」は骨壺に入れて仏壇の横または床間に安置して忌明け後に墓地の石塔の下ないし周辺に埋骨する。「下骨」は藁苞・米俵・筵などに入れ、荒縄で縛って墓地石塔周辺の樹（松・椿・榁・杉・檜など）に吊り下げるが、適当な樹がない場合、石塔自体に荒縄でくくりつける。忌明け後に石塔付近に藁苞のまま埋める」と報告され、この葬制が残っていることがわかります。樹上葬、風葬など高所葬の遺制習俗が日本列島にもあったことになります。

秋田県北部日本海沿岸部の山本地方には、「アトミラズ」という風習がいまも残っています。それは野辺送りに先立ち、一人の若者がたたんだ筵やゴザを担ぎ、葬列よりも一足先に墓地に行き墓地にある樹木にそれをぶら下げてくる、という葬習です（図11）。そして帰る際、墓地に向かう葬列とすれ違いますが、その際、決して振り返ってはならない、とされます。それが「アトミラズ」と呼ばれる所以なのですが、おそらく、これもまた、骨掛けの葬制同様に高所葬の名残りと見てよいでしょう。

すなわち、列島の日本海側を中心に大陸北方の伝統を引く高所葬の遺制は各地にあった、と見ることができます。地下に埋葬するのではなく、地上のそれも高い場所に遺体を掲げるのは、死者の霊魂を天上に返すために他なりません。解放された状態に置くことで肉体は腐朽しても魂は容易に天上に還ることができる、そうした考えが樹上葬、風葬など高所葬として現れています。

「弔」と墓上の弓掛け儀礼

「弔」という漢字は、弓＋—（＝人）でできていて「弓を引く人」を表しています。説文には「終りを問ふなり、古の葬むる者、厚く之れに衣（き）するに薪を以てす、人の弓を持つに従ふ、會して禽を敺（う）つなり」とあります。つまり、「とむら（弔）う」とは、本来、遺骸に寄り付く禽獣や悪霊を弓矢で追い払うことを意味します。

実際にそうした習俗がありました。菅江真澄が北秋田郡を旅した際の日記「すすきのいでゆ」（享和三〔一八〇三〕年）に、つぎの記述があります。

「大渡リ村（比内町）より長部、森の腰（森腰）などのやかたども川越えに見わたされて、行く行く路のかたはらに、山をくりともすといひて、なきがらを灰となしたるあとに、三曲ちふ三もとの木を結び立て、ふりたる鎌をうちかけ、木の弓箭を作りて北に向けて、ひきまかなひて掛けたり。よもつ人のあやしき鬼も残らば、根の国、そこのくにまでも、追ひやらふのよしにやあらんかし。もとも、あがりたる世（上代）のふりにてもやありなん」

亡骸を灰にした後、三本の木を結び立て、使い古した鎌を掛ける。さらには、北に向けた弓矢を掛け、「よもつ人」＝黄泉の国の人のあやしき鬼を、「根の国」＝死者の霊が行くとされた地下世界まで追い払う、遠い上代から伝わる儀礼だろう、と真澄は考えました。

こうした葬俗は現代まで残っています。原秀三郎・須藤功『日本宗教民俗図典二　葬送と供養』には、鎌と弓を立て掛けた墓の写真が載っています。それは秋田県大館市の小雪沢にある戸数十四、全戸川田姓の集落の墓です。属する寺は同市幸町曹洞宗玉林寺ですが、墓は集落の中にあります。同じような儀礼は東北地方北部、それも八戸市を中心とした地域に広く分布するようです（図12）。

ところで、こうした習俗の分布は縄文時代後期、環状列石が登場するころの鉢形土器や洗骨葬壺に描かれた狩猟文（弓矢文）の分布に通じます。先に登場した青森市の山野峠遺跡から出土した縄文時代後期初頭の土器には、小動物とそれにむけた弓矢が描かれていま す（図13）。これを「狩猟文」の名で呼んでいます。同じく縄文時代後期初頭の二戸市の馬立Ⅱ遺跡ではフラスコ状土坑の底から、壺の口縁部から体部までの破片が出土しています

図13　山野峠遺跡出土の狩猟文土器

図12　弓を立てた墓（青森県階上町）

が、そこにも小動物、弓矢、人体文、木と推定される文様がレリーフとして施されています。縄文時代の生業の柱、弓矢による狩猟場面を土器文様で表したという解釈が一般的ですが、現代葬俗、そして大陸の葬俗と併せてみると異なる解釈が導かれます。

葬礼に際して弓矢を射る儀礼は列島外にもあります。先に述べた樹上葬、風葬を行うオロチョン族の葬俗には、出棺に際して弓矢を射る儀礼が記録されています。葬送の際、死者にとり母方筋の家の者、あるいはそれに代わる弔問客の女性一人が矢を射る、「領路箭」と呼ばれる儀礼です。「領路箭」あるいは「開路箭」と呼ばれるように、死者の魂が天上へ帰る道を指し示すことが儀礼の意味ですが、同じ儀礼はアイヌの有名なクマ送りの儀式、イヨマンテにもあります。犠牲となった子熊の魂を神の元に返すため若者が東の空に向かって花矢（ヘペレァイ）を放つのです。

環状列石が登場するころのきわめて短い間に出現し消える考古資料ですが、「狩猟文」と呼ばれる土器の文様は、狩猟場面の表現ではなく大陸北方に系譜をもつ葬俗の一場面とその意味を表現した文様と理解されます。狩猟対象かのような小動物の表現も送られる魂そのものと見てよいでしょう。実際、八戸市の遺跡からはまるで人のような目を描き込んだ土器も出土しています。ちなみに人体文も狩人ではなく、葬礼を司った太鼓を叩くシャマンの表現でしょう。

真澄は説文の「弔」の解説同様に、墓上の弓掛け習俗を禽獣や悪霊払いの儀礼と見ました。しかし、北方の葬礼の意味をたどればそれは悪霊払いではなく、むしろ死者の霊を天上に返す儀礼だったでしょう。遠く空間を隔たって残存した葬礼に共通の意味が求められるとして、同じく遠く時間を隔てた縄文時代後期初頭の考古資料にも、「魂送り」の意味が込められていたに違いありません。

墓地としての環状列石の伝統性

縄文時代中期後半〜後期前葉は、集落が集住から分散居住へと激変した時期です。人々の生活は拠点集落から分散ないし移動性の高いムラへ移行しました。東北地方北部では中期後半のピークを過ぎると、急激に竪穴住居の数が減少します。また、中期までの深鉢が中心の土器文化から、後期には台付きを含む鉢形土器、洗骨葬すなわち再葬棺に用いられた大型壺など多様な土器文化へと大きく様変わりします。そして環状列石も登場するのです。

こうした変化、画期の招来には気候変動など、人類登場以来にその生活様式を決定的に左右しつづけた、根本要因を想定することもできるでしょう。しかし、地域的な伝統性を考慮すれば、その決定的要因とは別次元の時間的な文化の繋がりや変容が見えてきます。環状列石の背後に見える葬制伝統、また関連する習俗の伝統性は、それを構成する要素に異同はありながらも、場合によっては現代までたどることができるのではないか、考古資料である環状列石とその構成要素、そして周辺的事実を民俗や民族誌と照らせば、その可能性が見えてきます。

最後に環状列石を「広場を抱えた墓地」と「定義」するなら、その伝統は地域の歴史にたびたび現れたことを示しておきます。後期前葉に登場しその後しばらくして見られなくなる石造遺構ですが、津軽地方、弘前市の大森勝山遺跡は晩期になって登場する環状列石です。また岩手県八幡平市釜石環状列石も同じく晩期の遺跡です。これらは、後期前葉の最初の登場からおよそ千五百年の時間を隔てた遺跡です。

そして、米代川流域の大湯環状列石と伊勢堂岱遺跡とにはさまれた大館地方には、図14

出川墓地（2018年7月8日、筆者撮影）

田澤墓地（2018年7月23日、筆者撮影）

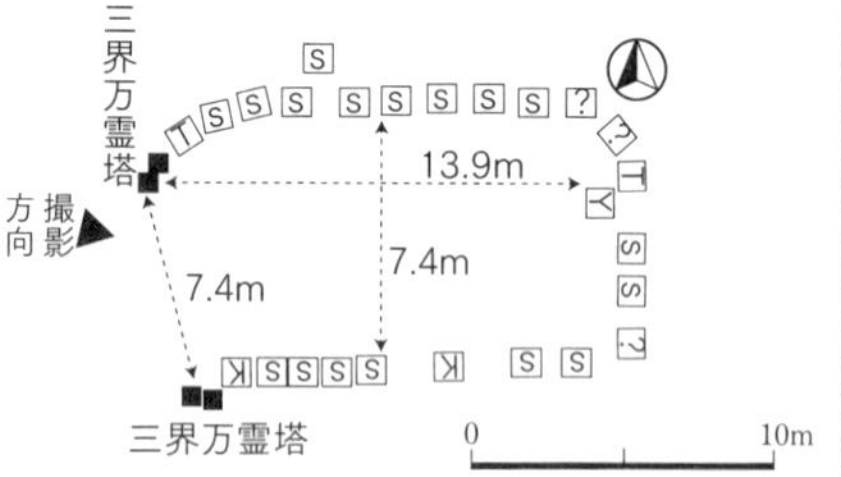

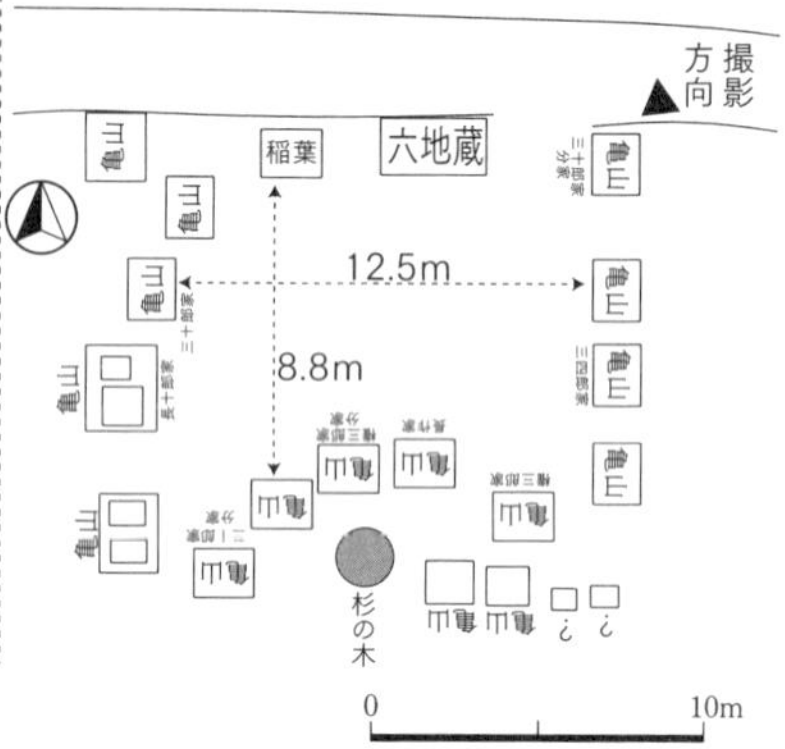

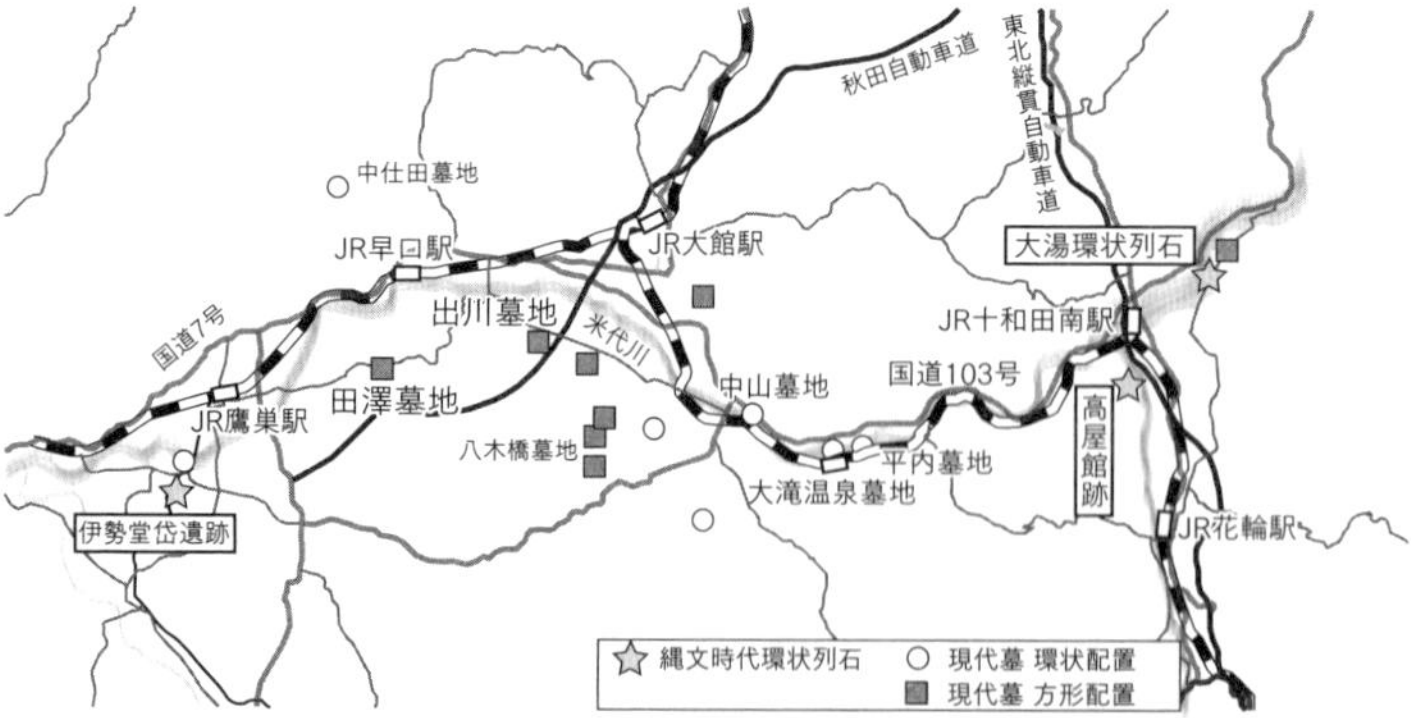

図14　秋田県大館地方の環状あるいは方形に並ぶ墓地

に示すように現代の環状（ないし方形配置）の墓地があります。地図に示すように現在まで一八か所を実地に確認しました。一度成立した地域伝統は、より細かな地域に分散しつつも局地的に続いたようです。社会の変化に応じて外観の細部は異なったとしても、形を作り上げる基本的な観念はその命脈を保った、そう考えてよいのかも知れません。

参考文献

最上孝敬　一九五二「骨掛けの習俗」『民間伝承』一六―七
大島建彦　一九五四「石川県河北郡の骨掛け習俗」『日本民俗学』二―一
大林太良　一九六五『葬制の起源』角川書店
永田珍馨　一九六九『北方騎馬民族オロチョン』毎日新聞社
上別府茂　一九七三「わが国の骨掛葬法について」『岡山民俗』一〇四
A・N・アルバッージ　一九八二「二〇世紀三〇年代ビチム河中流エヴェンキ人風葬棺の構造」『東シベリア古代住民の物質文化』（露語）
萩原秀三郎・須藤功　一九八五『日本宗教民俗図典二　葬送と供養』法蔵館
江守五夫　一九八九「人類学からみた日本海文化の諸特徴」『日本海文化を考える富山シンポジウム』
Kan, Sergei 1989 “Symbolic Immortality : The Tlingit Potlatch of the Nineteenth Century”, Smithsonian Institution Press.
韩有峰　一九九一「丧葬」『鄂伦春族风俗志』
葛西　勵　二〇〇二『再葬土器棺墓の研究―縄文時代の洗骨葬―』同刊行会
大島直行　二〇一七『縄文人はなぜ死者を穴に埋めたのか』国書刊行会
小林　克　二〇一八「第五項　三内丸山遺跡の盛土遺構」『三内丸山遺跡　四四』青森県教育委員会

縄文人と神話的世界観

大島直行（札幌医科大学客員教授）

縄文人のものの考え方、現代人のものの考え方

私たちは、いろいろなところで、無意識の内《う》ちに「シンボル」あるいは「シンボリズム」という言葉を使っています。この「無意識」というのが大事です。私たちの心には、意識と無意識という二つの領域がありますが、無意識の領域の中では、何かを何かになぞらえるということが絶えず行われています。そして、それは文化的、つまり、後天的に得たものではなく、人類が生まれた時から生得的に心の中に持っているメカニズムなのです。今日の講演では、縄文人の心を問題にする時、その点に気づくことが大切ではないかという話をします。

私たちは、縄文人を一生懸命研究していますが、縄文人の脳の働きがどうなっているか

というのは誰も考えたことがないように思います。私は五年ほど前から、縄文人のものの考え方は、今の私たちのものの考え方とは違うのではないかと考えるようになりました。人類の脳の構造は、最後のホモ・サピエンスへの進化を遂げて以降変わっていません。しかし、私たちの生活環境と縄文人の生活環境は大きく異なるので、脳の構造は同じでも、ものの考え方だけ変わったということも十分に考えられます。そのことをちゃんと理解しなければ、現代の私たちの考え方を、安易に縄文人に押し付けてしまうことになりかねません。

私たちは、物事をなるべく合理的あるいは経済的に考えるようにしますし、何より科学が発達していますから、すべてを科学的に判断しようとします。しかしながら、縄文時代に近代科学があったとは思えません。というよりも、科学は必要がなかったと言った方が正確かもしれません。同様に、縄文人は、合理性や経済性という観念を持っていたでしょうか。要するに損得勘定ですが、縄文人は損か得かを考えて木を切っていたわけではなく、別な理由で木を切っていたと思います。今日は、今までの考古学で考えてきたような経済的、合理的解釈ではなく、「シンボル」あるいは「シンボリズム」で縄文人を読み解いてみたいと思います。

まずは、「シンボリズム」とは何かという話をし、その後、関連する五つのエピソードを紹介したいと思います。一つ目に「漢字のシンボリズム」、二つ目に「旧石器時代のシンボリズム」、三つ目に「地霊のシンボリズム」、四つ目に「色のシンボリズム」、そして最後に「記念物のシンボリズム」、この五つのエピソードを通して「シンボリズム」を理解していただければ、縄文人の世界観が見えてくると思います。五つの話の後に、世界遺産を目指すうえで、縄文人の世界観が生み出す縄文文化の価値とはどのようなところにあるのか、あらためてお話しします。

考古学の形式論・編年論と縄文人

私たち考古学者は、遺跡を発掘して、貝塚や住居、あるいはストーンサークルなどを研究しています。遺跡を掘っていると、土器や石器や土偶が出てきますが、なかには、何に使ったかわからない道具も出てきます。出土したものを私たちはある方法を使って整理しています。それが型式論です。型式論でわかるのは道具の種類や構造ですが、いつ作られたのかはわかりません。それを明らかにするためには別の方法が必要です。それを編年論といいますが、この編年論と型式論に考古学は非常に力を入れてきました。特に戦後の七〇年間、考古学研究はこの型式論と編年論を中心として取り組んできましたので、日本は世界で最も遺物の型式が細かく整理されている国になりました。

さらに、たとえばこれは斧である、矢じりであると細かく分類することによって、何に使ったかというのがわかってきます。もちろん、そのためには、民族学や民俗学の援用が不可欠です。私たちは、そうした研究を機能論あるいは用途論と呼んでいますが、これによって縄文時代の衣食住に関してある程度推測が可能になりました。

もう一つ大事なのは分布です。さきほど分類したもの、たとえば御所野遺跡で出てきたものと同じ土器が、秋田や青森で出てくる、という広がりを見ていくことによって、交易や交換が、また、同じ模様が広がっているという点や抜歯に着目すれば、婚姻の広がりまで想像することが可能です。

土器の型式分類とは、形の広がりや用途についての研究ですが、実は、一番知りたかったのは、縄文人の社会の仕組みだったのです。難しい言葉で「構造論」といいますが、たとえば御所野ムラは祭祀中心の集落であったとか、地域の中核的な集落であったとか想像し、ムラの形や社会の形を決めてきたわけです。

青森県の三内丸山遺跡は、世界遺産の候補「北海道・北東北の縄文遺跡群」のなかでも中核的な存在であるという表現がされています。これも社会をどう捉えるかという問題です。私たちはつい、大きな集落、長く続いた集落などのように、どちらかというと合理的、現代的に価値づけを行うわけです。

縄文人も現代人と同じように考えていたならば、北東北や北海道の縄文人たちも、生活のために合理的あるいは経済的にものを考えて、暮らしやすいようにする必要があったでしょう。しかし、狩りの仕方、山菜の採り方などの情報を総合しながら、一年間つつがなく暮らしていたというのは、実は、それは私たち現代人の考え方であって、もしかすると、私たちは、現代風で合理的な生活を縄文人に強いているのではないだろうか、と私は考えるようになりました。つまり、縄文人はそこまで現代的合理性を重視して生きた人たちではなかったのではないかということです。

最初に御所野の地にやってきた縄文の人々が、鬱蒼とした林であった場所にムラを拓くとき、どのようにムラを作っていたのでしょうか。これまで私たちはあまり頓着せずに、どうやって木を切り倒しムラを切り拓いたかという技術論ばかりに目を向けてきました。でも、もしかしたら一本の木を切るのにも、祈りや願いが込められていた可能性も否定できません。そういった意味で私は、今までの型式論や編年論だけでは縄文人の社会や思考を十分に明らかにできないのではないかと思うようになりました。

祖先崇拝や家族の再考

私たち考古学者は、何かわからないものが出てくると、「何らかの儀礼に使った」「何らかの祭祀に使った」と、曖昧に解釈してきました。その典型的な例が祖先崇拝です。しかし、人間の誰もがみな祖先崇拝を行うと思ったら大間違いです。日本人のほとんどは祖先を崇拝しますが、ヨーロッパやアメリカの人に祖先崇拝の話をしても日本人と同じような反応は期待できません。

祖先崇拝を現代でも行っているのは、東アジアの中国、北朝鮮、韓国、日本くらいで、少し古い例だと、西アフリカの一部や古代ローマだけです。祖先崇拝というのは、国を統治するための政治システムとして機能していました。こうしたシステムが東アジアで生まれたのは儒教の教えにおおいに関係があるのだと思います。なので、日本に祖先崇拝が入ってきたのは五世紀ごろ、遅くとも七世紀ごろであると私は睨んでいます。大陸から道教、仏教、儒教が入って来ることで、日本においても祖先を守る、家を守る、ひいては国家を守る、という観念が出来上がったのではないかと思います。

考古学者は、千葉県の姥山貝塚で住居を発掘した際、複数の人骨が出土したことから、そこに「家族」が住んでいたと考えました。しかし、現代のような家族が縄文時代にもあったという保証はどこにもありません。

私は一〇年ほど前に南太平洋のクック諸島で調査を行いました。マンガイア島とラロトンガ島で調査をしましたが、当時、マンガイア島には七〇〇人ほどしか住んでいませんでした。調査をした際はカウンシルという日本でいう町内会長さんのお宅に泊めてもらいましたが、一年目の調査のときと二年目の調査のときでは子どもの数が変わっていました。前の年にいた子どもがいなくなっていたり、前の年にはいなかった子どもがいたりするのですね。どうしたのだろうと訊いてみたら、「もらわれていった」と言うのです。増えた子どもについては「もらった」「勝手に来た」というのです。母親にも、お腹を痛めて産んだ子どもは生涯にわたって育てなければいけないという感覚はないということです。子どもは育てられる人が育てればいいという感覚は、今の日本人には異様に感じられるかもしれませんが、世界を例にとってみれば、もっと多様な家族のあり方が存在しているということです。

そういったことを考えてみれば、はたして縄文時代の人たちが、現代の私たちと同様の家族の概念を持っていたかどうかというのは疑ってみる必要がありそうです。ですから、私は、縄文人の行動や思考を、もう少し別の方法で検討する余地があると考えたわけです。

「心の理論」と「適応的錯覚」

私が考えた方法は「シンボリズム」、つまり象徴論です。型式論では、時代性や用途、分布が論じられますが、私の方法では、そういうことはわかりません。しかし、型式論では、縄文人が何を考えていたかほとんどわかりませんが、象徴論では多くのことがわかってきます。

ところで、なぜ私が自信を持って、象徴論で縄文人の思考がわかると考えるかといえば、脳科学を利用するからです。一九八〇年代後半から脳の構造についての研究が飛躍的に進み、心理学も、脳科学の進展によって、いろいろなものの考え方がどこから生まれたのかわかってきましたし、宗教学や神話学、人類学、民族学などの成果とあわせ、人類の普遍的なものの考え方がわかるようになってきました。

それらを基に、私は、縄文人の世界観がどのようなものかというのを、一つの仮説として提案することができると考えています。その具体的な例として、人類の普遍的な思考の基盤があります。人類が、旧人から新人に最後の進化を遂げたときに、脳の構造が変わりましたが、それ以来、私たち人類の脳の構造は変わっていないといわれています。

一九八七年、アメリカの心理学者デイビッド・プレマックという人が、「心の理論」というものが人間の脳の基盤をなしていると発表しました。これは一言でいうと、人間だけが相手の目を見て相手の考えていることが推測できる、という認知メカニズムのことです。プレマックは、もともとチンパンジーの研究者です。一九八〇年代の前半ころから、人間は相手の考え方をうかがいながら行動を起こすということがわかってきました。人間に近いチンパンジーも同じような能力を持っていると考えて研究しましたが、チンパンジーにはこの能力がほとんどないようです。

要するに、人間を人間たらしめているのは、「心の理論」を持っているか持っていないかというところにあります。人の目を気にするのも「心の理論」が働いているからです。

そして最も重要なのは、この「心の理論」の中には「死にたくない」という心性があることです。現代に生きる人間の多くは、過去を知り、現在を把握し、未来を予見する能力を持っていますが、それは、対人関係が複雑化する中において、必要に応じて創り出し磨き上げげた能力・感性で、もともと思考の基盤の中に持っているのは、「死にたくない」という無意識的心性だけなのです。

そのようなことを踏まえれば、人間が遺伝的に受け継いでいる心性が存在することを肯定できます。それは「蘇りたい・再生・誕生」という無意識の存在です。これは万人が遺伝子として受け継いでいます。この遺伝子が、私たちの意識から死を遠ざけ、生きることに無意識的に前向きにさせているのです。危険が迫ると、無意識的にそれを避けようとしますが、そういった行動も、私たちの心性から来ているのです。

もう一つ重要なことがあります。アメリカの心理学者ジェシー・ベリングが、「適応的錯覚」ということを主張していますが、彼が言うように、私たちの脳は、何かを信じることで、都合よく錯覚できるようなっているのです。アニミズムのように有りもしない霊魂を信じたり、シャーマニズムのように死者と交信できるというのは、心理学的には単なる錯覚なのです。

この「適応的」といったところが重要で、前にも述べたように、人間が現在の種に進化してから脳の構造は変わっておらず、この錯覚という遺伝因子も淘汰されずに受け継がれてきました。したがって、考古学者がいうアニミズムやシャーマニズム、トーテミズムは、それ自体は遺伝したり心に備わっているものではなく、誰の心にも生得的に備わっている心性が、必要に応じて、つまり「適応的」に作り出した文化的な装置と言えると思います。「宗教」は、人口が増えてから、その増えた人々の心をまとめる必要性が出てきたときに、はじめて創られた文化的で政治的な装置なのです。ですから、はたして縄文時代には、そうした文化装置が必要だったのかどうか、もう一度考え直して見る必要がありますし、私は、縄文時代には、宗教はもちろん、アニミズムやシャーマニズムなどの「信仰」もなかった、つまり必要がなかったのではないかと考えています。

繰り返しになりますが、縄文人がものを考える基盤は、「心の理論」と「適応的錯覚」の二つに集約されます。言い換えれば「死にたくない」「蘇りたい」、すなわち「再生」あるいは「誕生」というものの考え方が常にあるということになります。脳科学的に言えば、「信じる・願う」といった遺伝子があるから、「再生」や「誕生」という心性が思考の基盤に存在するということになります。

神話的世界観

では、いったい縄文時代の人たちは、何を考えて生きていたのでしょうか。それが今日のテーマの「イメージ（表象）」「シンボリズム（象徴）」「レトリック（修辞）」です。

私たちは日常的にイメージやシンボリズムを、無意識のうちに使っています。先ほどお話したように、これは誰もが生得的に心（脳）の中に持っている心性であり、文化的なものでも何でもありません。イメージとシンボルは、つねに対になっています。連携して機能しているのです。たとえばカメが這っているところを見せて、「これが遅いということだよ」などと学校では教えません。そういった形容詞はすでに脳にインプットされているからです。

さらに、その「遅いもの」を認識するためには名前が必要になります。「固い甲羅を持った生き物はカメだ」といった命名の仕方は、それぞれが都合よく命名しているだけです。ある物体を見て、形容詞を思い浮かべて、一つのカテゴリーに作り上げているのが言語なのです。

さらにものを言語化する際に、人間が必ずやっていることがあります。たとえばツバメを「ツバメ」と名付けたときに、すでにツバメは「速いもの」というイメージ、一つのシンボルに変えているということです。要するに、ツバメという言葉自体が「速いもの」のシンボルであり、カメという言葉は「遅いもの」のシンボルなのです。このようにして私たちは、自然界を認知する能力を持っているということです。人間が最後に進化を遂げて以来、この能力は遺伝的に備わっていますし、縄文人も当然この能力を使っていたわけです。

最後に、もう一つ大事なのが「レトリック」の存在です。たとえば、「太陽」「月」「星」、この三つのものは、世界中どこでも見ることができるので、世界中の多くの人びとが、「再生」や「誕生」のシンボルあるいはシンボリズムの対象にしています。なかでも、特に月のシンボリズムの存在は、みなさんお気づきのように、各地に月にまつわる行事がたくさん残されていることからも明らかです。

さらに、「月」と「子宮」と「水」と「蛇」の関係が、一連のものとしてシンボライズされているのは、世界中で常識となっています。月は二九・五日で新月と満月の間を一巡します。女性の生理も同じ周期です。「moon」という英語の語源はラテン語の「mense」に由来します。一昔前までは、女性の生理もメンス（mense）と呼ばれていたことを思い出します。

世界中の人々が、月は二九・五日で新月と満月を繰り返す循環の中で、死と再生を繰り返すものとしてシンボライズしていたわけです。それを証明するのが神話学です。世界中の神話を見ても、月が光と闇の循環の象徴として登場しますし、女性になぞらえられています。もう一つは月と水の関係です。夜露は月がもたらすものと考えられてきましたし、潮の干満も月がコントロールしていることに縄文時代の人々も気付いていたはずです。

人間が生きていくうえで水は欠かせませんし、人間は生まれるまでの十月十日、母親の

「羊水」の中で育ってきました。私は、そうした故事をひもとき、月と水の関係性の重要性を意識せざるを得ませんでした。

みなさんは、地球の水がどこからもたらされるのか考えたことはありますか。月から水をもたらすのは、世界中の神話や故事を見ても蛇が多いのです。つまり、水をもたらす存在ですから、人間の思考の基盤である再生や誕生の最もシンボライズされた形が蛇ということになります。

水が出てくるところを「蛇口」と言うなど、日本は特に蛇にこだわっています。中国の影響でアレンジされていますが、寺社仏閣の「手水口《ちょうずぐち》」の水も、龍の口から吐き出されています。奈良県の大神《おおみわ》神社の手水は大蛇の口から出ているようです。私たちはほとんど無視していますが、私たちの心の中には、今もなお、「月＝子宮＝水＝蛇」というシンボリズムが生きているのです。

そうした、いわば合理的・科学的ではない「神話的世界観」は、人間の大脳新皮質でつくられます。人間の脳の深部には脳幹・小脳と言って、人間が魚類だったころから受け継がれてきた筋肉運動や平衡感覚、嚥下《えんげ》といった生きるために必要な最低限の機能が含まれています。その上部が大脳辺縁系です。ここには、哺乳類として受け継がれた動物的な機能が蓄積されています。そして人間が霊長類になったときに、大脳新皮質が発達します。これにより人間は思考して判断する能力を手に入れました。

思考し判断する能力の中には、合理性、論理性、創造性の三つがあります。これにより人間は科学的で論理的な考え方をすることができ、宗教や哲学、芸術を創造することができます。一方で死を意識する予見性、再生を願う錯覚、信仰といった非合理的思考も、大脳新皮質に蓄積されています。縄文人の神話的世界観もすべてこの大脳新皮質で生み出されています。

今まで考古学者は、私たちの現代的な感覚を基に、合理性・論理性・創造性だけで縄文人をとらえようとしました。しかし、それではいくら考えても現代人と同じです。あの不思議な造形を生み出した縄文人の世界観は見えてきません。縄文人に現代人と同じような考え方を当てはめて、技術的に未熟だから原始的だとしてきたわけです。しかし、縄文人の神話的世界観を生み出した能力は、私たちも潜在的に持っているのです。つまり、そうした能力の因子をどう使うかの問題で、その使い方は生活環境に依るのです。

現代では、科学的で合理的な考えが必要なので、「神話的世界観」は息をひそめているということです。しかし、少なくとも農耕社会に入る前は、自然に手をかけない縄文社会の中で、合理的で論理的な能力にはほとんどスイッチが入っていない状態だったと考えられます。自然と折り合いをつけるような環境では、他人と折り合いをつけるための合理的思考は必要なく、それが私の言う「神話的世界観」だということです。

「神話的世界観」をひもといていくと、その内容は「シンボリズム」と「レトリック」から成り立っていて、その中核にあるのは「再生」「誕生」という考え方だということがわかります。シンボリズム論というのは科学的・合理的な考え方ではありません。縄文人は、あくまでも「神話的思考」に基づいてものを考えているのだということを、繰り返しになりますが、お伝えしたいと思います。

縄文人の神話的思考が見える事例

それでは、そろそろエピソードに入りたいと思います。まず漢字のシンボリズムの話ですが、白川静の『常用字解』の表紙に中国の象形文字「さい」が書かれています（図1）。これが何なのかというとまさに「口」です。『字解』にはこうあります。

「甲骨文字や金文には、人の口とみられる明確な使用例はなく、みな神への祈りの文である祝詞を入れる器の形」

図1　象形文字「さい」のシンボリズム（白川静2012より）

そして私がびっくりしたのは、「霊」という字です。もともとは「靈」と書きますが、これは巫女さんが器を三つ頭上に掲げて雨のしずくを受けているものです。雨は月からもたらされるものから、中国で漢字ができたときに、すでにこういったシンボリズムができていたということです。

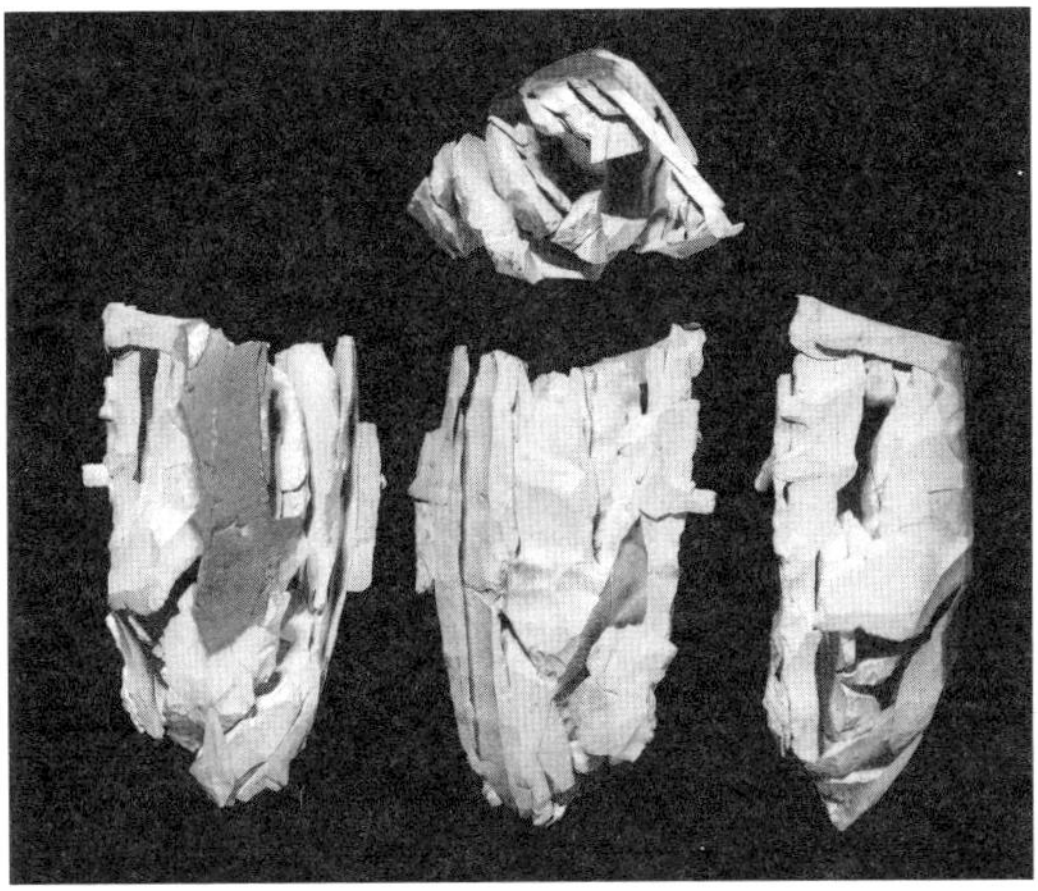

図2　旧石器のシンボリズム
（木古内町新道4遺跡の石器接合資料）

漢字というのはまさにシンボリズムです。中国で漢字が必要になった理由は、神事の中で神に捧げる祝詞を何とか表現したいということからできたことが理解できます。

エピソード二として旧石器時代のシンボリズムをお話しします。私は今まで旧石器時代にシンボリズムがあるかどうか疑問に思っていました。しかし、今は、旧石器にもシンボリズムがあると考えます。安斎正人先生が、旧石器の人たちは黒い石で黒い槍、白い石で白い槍を作っているということで、色のシンボリズムがあると主張しています。

さらに、北海道の十勝で見つかった黒曜石の槍の原材料の場合ですが、形としてはラグビーボールのような形をした大きな塊を採ってきて、割っていったものなのです（図2）。その割られて散らばったものを学芸員さんが拾い集め、接合してみたところ、外側は全部あるのですが、中身、つまり槍の部分がないそうです。どういうことかというと、このラグビーボールのような塊をムラに持ち帰って、割って中身を取り出しているのです。そして外側のものは捨てているのです。

考古学者の中では、石器づくりの練習をしているという説が有力視されていますが、私はシンボリズムの観点から、母親の体から子どもを取り出すという心性が働いているのではないかと考えています。つまり、ラグビーボールの固まりは、まさに子宮をシンボライズしたものだということです。

三つ目のエピソードは、津軽の西目屋《にしめや》村水上（2）遺跡のケースです（図3）。ここに津軽ダムが建設されて周辺の地域が水没するということで、発掘調査が行われました。私は去年見学しましたが、一面が石の原っぱなので驚きました。石原の中に、草創期から晩期にいたるまで二一の住居が作られているのです。こんな住みにくいところになぜ住んだのか。私は、それは石に対する信仰だと直感しました。

石への信仰は中部山岳地帯から甲信越にかけて、円石信仰や道祖神、地蔵尊信仰のかたちで今も残っています。御所野遺跡の縄文人もそうですが、石をなぜわざわざこの地に運んできたのか。それは石に「再生」あるいは「誕生」の霊力があるという信仰にほかなりません。古い神社では、「磐座《いわくら》」と言って石をご神体にしているところもありますが、それも「子宮」をシンボライズしたものと私は考えています。

図３　遺跡のシンボリズム（西目屋村水上（2）遺跡）

もう一つには山があります。山並みを見たときに蛇のうねりになぞらえるのはごく自然のことです。吉野裕子先生は、民俗学における蛇研究の第一人者ですが、やはりそのように述べています。

さらに水上（2）遺跡の川向こうには滝があります。案内してくれた方が言うには、今は一本ですが、雨が降った時など、多い時には複数本の滝が出現するそうです。言うまでもなく、滝は、再生のシンボルである蛇になぞらえたものなのです。那智の滝などの大きな滝には、しめ縄が張られ祀られていることを思い出してください。また、先住民の伝説などから、滝以外にも、蛇行する川も蛇になぞらえられていたようです。そして、水の湧き出すような水に関わるところも、古来より日本人は地霊として信仰してきましたが、元の理由はみな同じと私は考えています。

これは科学では説明できませんが、先ほども言ったように、信仰と願望といった心の理論や錯覚がそうさせているのです。さらにこの遺跡では長四角に石を並べて立てているところがあるのです。これはお墓なのですが、使っている石は七キロも離れた川から運んできているそうです。緑とピンクの石が欲しかったのでしょう。まさに赤と緑は再生の色なのです。

そこで四番目のエピソードです。東京都国立市の緑川東遺跡から、住居の床面に石が敷かれた敷石住居というのが発掘されました（図4）。このような住居は関東地方から中部地方にかけて多く出てきます。この敷石住居にていねいに石棒が四本並べられていて、そのうち二本は青く、二本は赤でした。

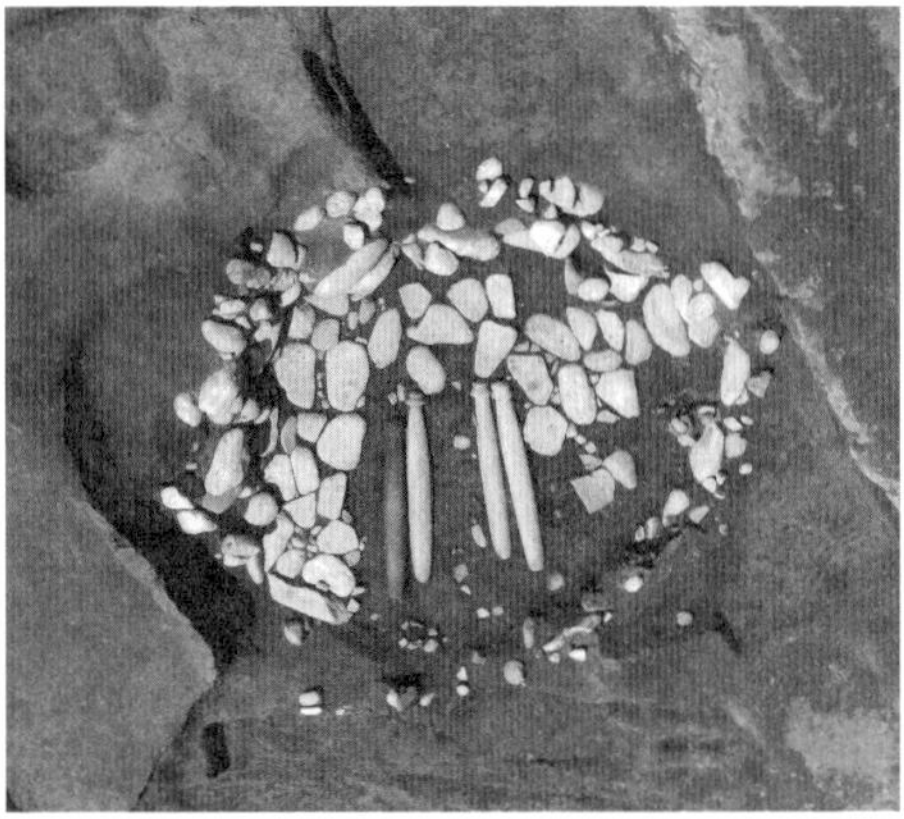
図4　敷石住居のシンボリズム（国立市緑川東遺跡）

これまで、石棒は男性器の象徴であるといわれてきましたが、どうも、それは男の考古学者の思い込みで、いわゆるジェンダー・バイアス（性的偏見）の疑いもあります。男性器ではなく、蛇のシンボリズムの可能性もありますし、月の水を運ぶ蛇の加護を受けた住居は、死者がよみがえる母親の子宮の可能性だってありますし、再生を願う縄文人たちの思

図5　モアイ像のシンボリズム（イースター島）

いが凝縮されているようにも思われます。

さて、五番目のエピソードは一気にイースター島に飛びます。イースター島のモアイは海を背にして立っています（図5）。さらに、モアイは、なぜかお腹の下に手を当てています。モアイは男性ということになっていますが、シンボリズムの視点からは、お腹の大きい女性をかたどったとの判断もできそうです。

モアイが一番頻繁に作られるのは一〇世紀ごろですが、そのころ作られたモアイは赤色凝灰岩でつくられた帽子をかぶっています。モアイは太陽の上る海を見ているのではなく、実は、お腹の大きな女性が、月を見て、赤と白の再生・誕生のシンボリズムを演出していると考えることもできます。そうなってくると、日本の縄文のシンボリズムと同様であり、人類が普遍的に持っている集合的無意識のなせる業という解釈も成り立つのではないでしょうか。

「再生」「誕生」のレトリック

およそ一〇〇年前、ドイツの哲学者エルンスト・カッシーラは、人間を「象徴的動物」と定義しました。それを受けて、ルーマニアの宗教学者ミルチャ・エリアーデが、「人間はシンボルを操る動物」、アメリカの哲学者スザンヌ・ランガーは「シンボルこそ、人間特有であるところの、また純然たる動物性の水準を超えた心的生活を解明するための万人の認める鍵」、アメリカの評論家ケネス・バークは「人間はシンボルとレトリックを使用する動物である」と言っています。

当初、私はシンボルだけで縄文を理解することはできないと考えていました。月や蛇をシンボライズしていたのであれば、縄文土器や土偶に、リアルな姿の月や蛇が出てきていないとおかしいからです。しかし、人間は何かを写実的に表現する能力を持ち合わせていません。写実表現のためにはトレーニングが必要なのです。しかし似顔絵は、誰から教えられなくとも描くことができます。

要するに、土偶や土器の模様は、今で言う似顔絵なのではないでしょうか。縄文人は、別に科学的に分析したり、数学的に計算したりして描いているのではないですし、再生や誕生のための形や模様だとしたら、そこには「美」という観念もないのだと思います。

農耕社会が誕生し、人間と人間との間で軋轢が生じて、複雑な人間関係が生まれます。それを調整するために哲学や宗教が生まれた可能性もあります。神と人びと、支配者と被支配者、区別や序列が生まれる中で、美学つまり芸術が生まれました。「美しい」という概念があるということは、「美しくない」という概念も作り出してしまうからです。

縄文人にとっては、美しい美しくないという序列や比較ではなく、月のシンボリズムを基盤としたものの考え方の中で、どのように「再生」や「誕生」をレトリカルに表現するかが重要だったのです。いわゆる「美」を知ったのは、縄文時代ではなく、弥生時代の人々だと私は思います。集団生活の中で、さまざまな人間関係の調整や区別が必要となった弥生時代以降の人びとは、「美しいもの」「美しくないもの」という比較や差別を生む、悲しい心性を手にしてしまったのです。

人間に根源的な「神話的思考」

最後に、縄文文化のどこに世界文化遺産としての普遍的な価値があるかということを考えて見ましょう。

これまで世界遺産に関わる関係者の多くは、縄文文化は、世界に例を見ない一万年もの長きにわたる狩猟採集を基盤とした社会で、なかでも「北海道・北東北」の地域は、その文化の最も発達した地域、つまり縄文文化の代表地域であると主張してきました。しかし、もう少し考え方を整理する必要があるように思います。

誤解を恐れずに言うならば、一万年もの間、発達しなかったのが縄文社会なのです。縄文人には、自然を開拓して文化を発展させようという気はなく、それよりも、自然といかに溶け合うか、自然の中にいかに自分を取り込ませるかが重要であって、それを表現する動機や手法が、シンボリズムとレトリックだったのです。ですから縄文文化の普遍的価値は、再生や誕生のシンボリズムを基盤とした「精神性」あるいは「精神文化」にこそあるのだと思います。それは、次の三点に整理することができます。

第一に、縄文文化は、世界が農耕・牧畜社会に突入しても狩猟採集生活を続け、人類に特有の思考基盤の一つである「神話的思考」を色濃く残した世界的にも稀有な文化であり、それは人類にとって普遍的価値を持っています。世界中には、今でもマオリやネイティヴ・アメリカンなどの先住民族が数多く生活し、特有の文化を持っていますが、そこには近代化した文化が多く入っており、その点を考慮すると、縄文文化というのは人間の根源的な「神話的思考」が遺物や遺構として膨大な数が残されている文化とも言えます。今ある世界遺産の中では唯一無二の価値ある存在だと思います。

第二に「神話的思考」とは、合理性や経済性とは無縁の思考であり、日本列島においてはストーンサークルの造成や縄文土器・土偶の造形にみられる、現代人から見ると非合理的とも言えるような独特の精神文化を生み、その後は、「山岳信仰」や「神社信仰」など変容しながらも日本文化に受け継がれたということです。世界遺産として世界にアピールするためには、この点も重要であると私は考えます。

そして第三に、四道県を核とした「津軽海峡文化圏」は、そうしたシンボリズムという精神性を基軸とした縄文文化の特質が最もよく見える地域であるということです。縄文遺跡は全国各地にありますが、北海道・北東北の遺跡群には、縄文文化の再生シンボリズムを理解するうえでの材料、つまり遺跡、遺物、遺構が豊富にそろっているということです。

この地域が、縄文文化の特質を最もよく理解できる地域だということ、縄文の普遍的価値を代表する地域として世界遺産にふさわしいということをお伝えし、今日の私の講演の締めくくりとさせていただきます。

参考文献

河合隼雄　一九七七『無意識の構造』中公新書
スザンヌ・ランガー〔矢野万里訳〕　一九八一『シンボルの哲学』岩波書店
ミルチャ・エリアーデ〔前田耕作訳〕　一九九四『エリアーデ著作集第四巻　イメージとシンボル』せりか書房

マルコム・カーペンター［嶋井和世監訳］一九九六『神経解剖学　第四版』広川書店
木下清一郎　二〇〇二『心の起源―生物学からの挑戦―』中公新書
ネリー・ナウマン［檜枝陽一郎訳］二〇〇五『生の緒―縄文時代の物質・精神文化―』言叢社
デイヴィッド・プレマック、アン・プレマック［鈴木光太郎訳］二〇〇五『心の発生と進化―チンパンジー、赤ちゃん、ヒト―』新曜社
エーリッヒ・ノイマン［林道彦訳］二〇〇六『意識の起源史　改訂新装版』紀伊国屋書店
エルンスト・カッシーラ［宮城音弥訳］二〇〇七『人間―シンボルを操るもの―』岩波文庫
カール・ユング［林道彦訳］二〇〇九『元型論　増補改訂版』紀伊国屋書店
ジョージ・レイコフ、マーク・ジョンソン［渡部昇一訳］二〇一〇『レトリックと人生』大修館書店
吉野裕子　二〇一〇『蛇―日本の蛇信仰―』講談社学術文庫
ジェシー・ベリング［鈴木光太郎訳］二〇一二『ヒトはなぜ神を信じるのか―信仰する本能―』化学同人
白川　静　二〇一二『常用字解　第二版』平凡社
大島直行　二〇一四『月と蛇と縄文人―シンボリズムとレトリックで読み解く神話的世界観―』寿郎社
大島直行　二〇一六『縄文人の世界観』国書刊行会
大島直行　二〇一七『縄文人はなぜ死者を穴に埋めたのか』国書刊行会

縄文時代にさかのぼるアイヌ語系地名

八木光則
（岩手大学平泉文化研究センター客員教授）

アイヌ語系地名の研究方法

ただいまご紹介いただきました八木です。私の専門は考古学でして、とくに奈良・平安時代の蝦夷が専門です。ですから今日お話しする縄文時代は専門外ですし、加えて地名も、考古学で取り上げることはありませんから、素人ということになります。そういう意味で今日お話しするのは素人の話ということになろうかと思います。

ただし蝦夷研究では、古代蝦夷の人たちはいったいどんな言葉を話していたのかという問題が大きく横たわっています。この問題は昔から議論されていますが、今も解決していません。そういったことからアイヌ語系地名に取り組まざるをえなかったのです（八木 二〇一七）。古代の課題を考えることが出発点でしたが、その延長で、岩手にもなじみの深いアイヌ語系地名が縄文時代にまでさかのぼるという話を今日はさせていただきたいと思います。

さて、アイヌ語「系」という言葉ですが、アイヌ語地名といってしまうと、アイヌ語だけに限定してしまうことになります。これから取り上げる地名はアイヌ語そのものではなく、その系列にある意味も含めて、アイヌ語「系」地名と呼んでいます。どこまでさかのぼるかわかりませんが、いわゆる祖語というものがあればそれを含む可能性もこの中に含めてあります。

今日の話の流れは、はじめにアイヌ語系地名の研究方法について簡単にふれたいと思います。そのつぎにアイヌ語系地名の一番ポピュラーな「ナィ」と「ペッ」の分布を全国的にみていきます。その中でみえてきたアイヌ語系地名の系統と新旧について考えます。そういったところからアイヌ語系地名がいつごろできたのか、そこまで話をしていきたいと思います。

まず、アイヌ語地名の研究方法についてですが、現在は地理とか地形にリンクさせてアイヌ語地名を解釈していくというのが一般的な方法です。アイヌ語地名の研究で著名な山田秀三氏がこの方法で精力的に研究を進めてきました。

たとえば、北海道長万部の北側に「静狩」という地名があります（図1）。この静狩の地形は砂浜の先に山が迫っています。そういう地形から、山の手前という意味で「シヅカ

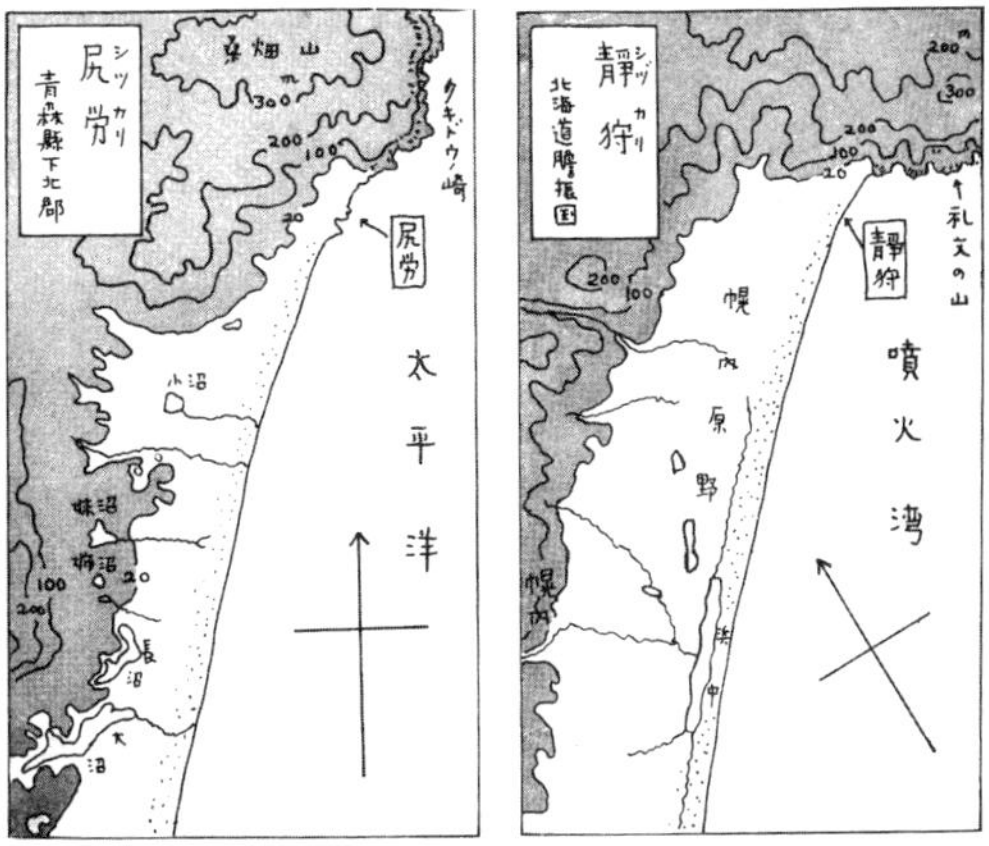

図1　静狩と尻労：シツカリ＝山の手前（山田秀三1957より）

リ」と名付けられています。それと同じように下北半島の太平洋に面したところに、字は違いますが、「尻労」という地名があります。カナにすると同じ読み方になりますし、地形も同じです。ということから、北海道と東北地方のアイヌ語系地名の地形を確認して、同じ意味だと解釈したわけです。このような方法を山田氏は普及させていったわけです。これが現在のアイヌ語系地名の基本的な研究方法になっています。

ただし、こうした方法をとってもいろいろと問題点があります。その一つにアイヌ語系地名の多くが漢字化されていることです。本州はほぼ一〇〇パーセント漢字化されています。そうするともともとあったアイヌ語系地名の原形から変化していく、あるいは省略化が進行していくことになります。北海道の例でも「札幌」はもともと「乾いた大きい川」という意味で

「サッポロペッ」と呼ばれていましたが、「ペッ」がなくなってしまいました。漢字にするときに「ペッ」を省いてしまったわけです。

「釧路」もいろいろ解釈がありまして「クシュル（通路）」「クッチャロ（咽喉）」「クスリ（温泉・薬）」というさまざまな説があります。江戸時代後期、盛岡藩が幕府から蝦夷地の警備を命じられ、藩士を道東に派遣していますが、その記録には「クスリ」と書かれています。それにもかかわらず地名の意味はさまざまあり、定説はないとのことです。北海道でさえもこの状態ですので、本州の場合もともとのアイヌ語系地名の原形がどのようなものであったのか、実はよくわかっていないのです。

北海道は、幕末から明治にかけて松浦武四郎など多くの探検家が歩いて地図に地名を落としています。そうしたものが残っているので、漢字化されていてもある程度照合ができています。本州はもともとの原形がわかりませんから、恣意的な解釈があったとしても、良いとも悪いとも言えない、検証ができないわけです。

そうした研究方法に対して批判的な見方は昔からあって、一九三二（昭和七）年の金田一京助の文献によれば「実在しないアイヌ語の熟語を勝手に創作して解き得たり」（金田一一九九六）と批判していますし、最近でも「素人的発想による誤った解釈」（板橋二〇一四）、「（語呂合わせによる）地名解釈は絶えることなく続いている」（筒井二〇一七）という指摘もあります。そういう点から言いますと、本州のアイヌ語系地名の解釈については原形復元の理論化が決定的に欠けています。これまでの多くの地名研究の成果を引用して、学問的に何かを言おうとしても論拠のうすいものになってしまいます。

「ナィ」「ペッ」の広がりを調べる

そこで、私は地名の解釈をひとまず抜きにして考えることにして、二万五〇〇〇分の一の地形図に載っている地名をリストアップしました。地名索引が刊行されていますので、それから関連地名を拾い上げました（図2）。二万五〇〇〇分の一の地形図の地名を使った理由は、ある程度一定の基準で全国の地名が収録されているので、客観的な比較が可能になるからです。

拾い上げた地名は、アイヌ語系地名として使用頻度の高い文字、それを指標文字と呼んでいますが、それをピックアップしました。具体的には「ナィ」「ペッ」です。「ナィ」を漢字にすると「内（ナイ）」ですが、「内（ウチ）」と読む地名については除外しています。「ペッ」は漢字にすると「別（ベッ）」「戸（ペ）」「部（べ）」「辺（べ）」「米地（ベチ）」で、これらを拾ってみました。ただし、日本語系と考えられる「阿部」「黒部」「別所」「城内」「庄内」といったものについては除外しています。

「ナィ」「ペッ」はアイヌ語で「川・沢」という意味ですが、アイヌは川を基準として地形を認識していたようです。川は上流からたどるのではなく、河口からさかのぼるものと考えられてきました。川の先に行きついた山に川と同じ地名が付けられています。そのような地理観からアイヌ語系地名に川に関連した「ナィ」「ペッ」が多く使われたのです。

この二つが一般的ですが、これを補完する形で「ウシ」と「ポロ」を入れています。

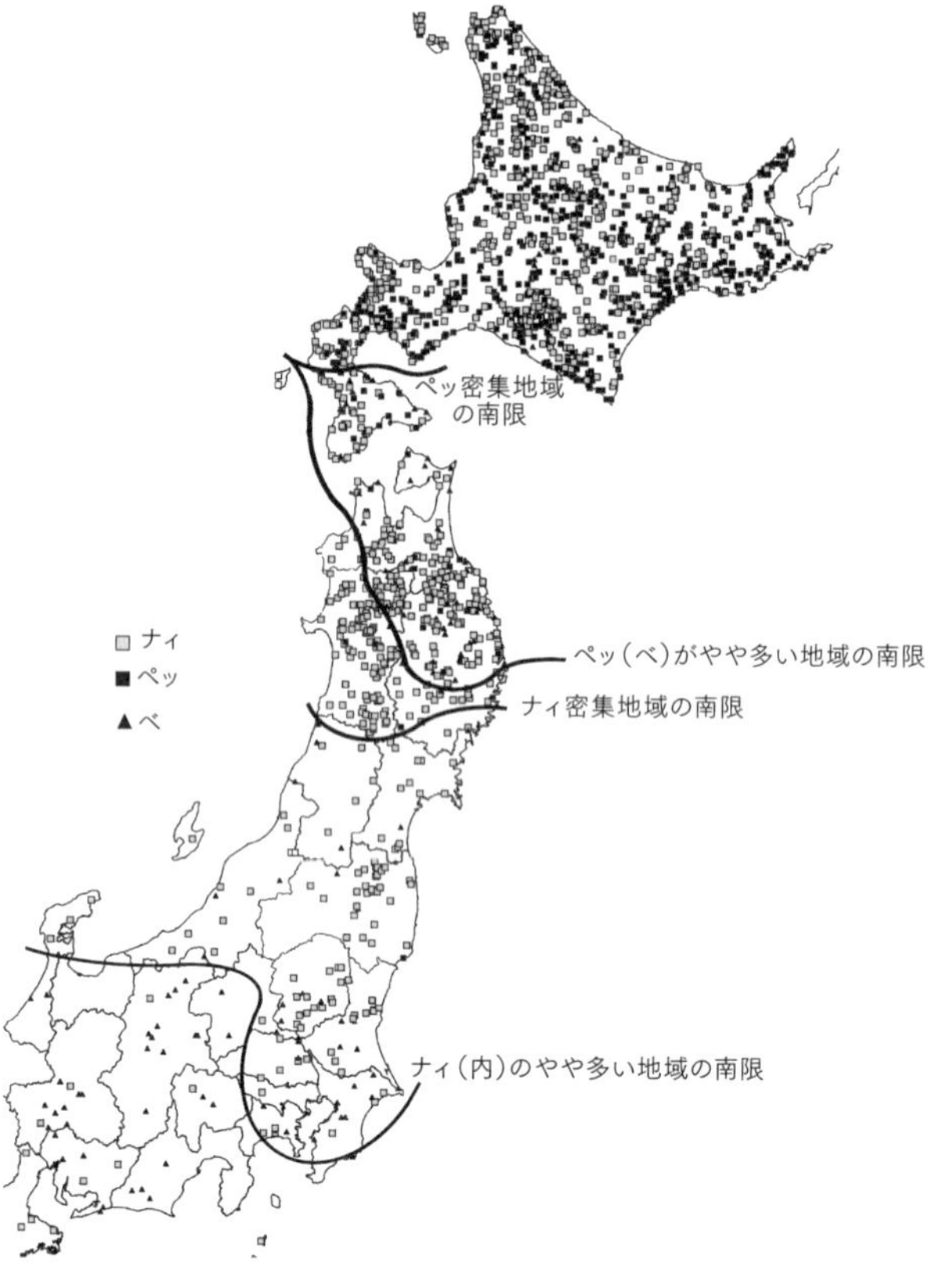

図2　アイヌ語系地名の分布（ナィ・ペッ）

「ウシ」は「場所」という意味ですが、漢字にすると「牛」「丑」の二つの文字が使われています。この変形と思われる「伏」「石」は、北海道でもこの漢字が当てられているところがありますが、全国的にみると地域差をみいだすことはできません。「ポロ」は「大きい」という意味で、漢字にすると「幌」「褒」「母衣」となり、この地名を拾っています。

このように、できるだけノイズを取り除いて、全国の地名をみていくということになります。ただノイズを取りすぎて、本来のアイヌ語系の地名までカットしてしまう可能性がありますが、一定程度の数を集成することによってカバーできるだろうと思います。

その結果（表1）、アイヌ語系地名の指標文字は関東地方あたりには少しありますが、それより西にはほとんどないことが確認されました。北海道はさすがにたくさんありますね。本州で特に多くあるのは北東北三県、山形・宮城にいくと画然と少なくなります。福島あたりでは「ナイ」の地名が少し増えています。栃木・茨城にも密度の濃いところがありますが、圧倒的に多いのは北東北三県です。北東北三県でも日本海側の秋田・山形県境ではっきりと分かれます。そして岩手県では磐井、気仙地方のあたりで少なくなっています。「ペッ」が特に密集するのは、北海道のほぼ全域です（図2）。渡島半島の中央付近から東北地方にくると、「ペッ」「ベ」がやや少なくなります。「ナイ」はそれよりもさらに外側の地域まで分布します。秋田県鹿角地方は「ペッ」「ベ」に加え「ナイ」が分布しますが、その外側には「ナイ」ばかりです。秋田県はこの地域差が顕著に表れています。岩手県で

表1　アイヌ語系地名の地名数と密度

	北海道		青森		秋田		岩手		宮城		福島		山形		計
ナィ	599	71.7	64	71.1	129	112.8	98	64.9	12	16.5	29	31.1	6	4.4	948
ペッ	657	78.7	29	32.2	10	8.7	37	24.5	1	1.4	4	4.3	3	2.2	743
ポロ	158	18.9	7	7.8	1	0.9	9	6.0	0	0.0	0	0.0	0	0.0	175
ウシ	109	13.1	4	4.4	2	1.7	9	6.0	4	5.5	0	0.0	0	0.0	128
計	1523	182.4	104	115.5	142	124.2	153	101.4	17	23.3	33	35.4	9	6.5	1994
面積	83,519k㎡		9,002k㎡		11,434k㎡		15,095k㎡		7,292k㎡		9,327k㎡		13,784k㎡		

	茨城		栃木		埼玉		千葉		東京		神奈川		新潟		計
ナィ	13	21.3	17	26.5	4	10.5	3	5.8	2	9.2	3	12.5	11	9.1	53
ペッ	6	9.8	3	4.7	2	5.3	8	15.5	0	0.0	3	12.5	2	1.7	24
ポロ	0	0.0	0	0.0	0	0.0	0	0.0	0	0.0	0	0.0	0	0.0	0
ウシ	0	0.0	0	0.0	0	0.0	0	0.0	0	0.0	0	0.0	0	0.0	0
計	19	31.2	20	31.2	6	15.8	11	21.4	2	9.2	6	25.0	13	10.7	77
面積	6,094k㎡		6,414k㎡		3,799k㎡		5,150k㎡		2,162k㎡		2,402k㎡		12,111k㎡		

(1) 山や川が複数市町村にまたがる場合は1件とした。

(2) 各道県の左側数字（明朝体）は地名数、右側数字（ゴシック体）は1万km^2当たりの地名数を示した。

(3) 基礎資料：『新日本地名索引』1993アポック社出版局（1：2.5万地形図掲載の地名）
ナィー内、ペッー別・部・辺・戸、ポロー幌・褒・母衣、ゥシー牛・丑

(4) 都道県の面積は『全国市町村要覧』に拠った。

は花巻市、遠野市あたりを境にして、その南では「ペッ」「ベ」のつく地名はかなり少なくなります。さらにずっと南のほうに行きますと関東地方、あるいは新潟県、石川県能登半島に「ナィ」の地名が少し見られ、それより西には一県に一か所しかないというようなことがわかってきました。もう一つ、「ポロ」「ウシ」も取り上げましたが、両方とも秋田県、青森県津軽地方では希薄になっています（図3）。

北海道では「ナィ」という地名は五九九件確認でき、一万平方キロあたりの密度で言えば七一・七、「ペッ」は六五七件、密度は七八・七です。青森県で「ナィ」は六四件あり、

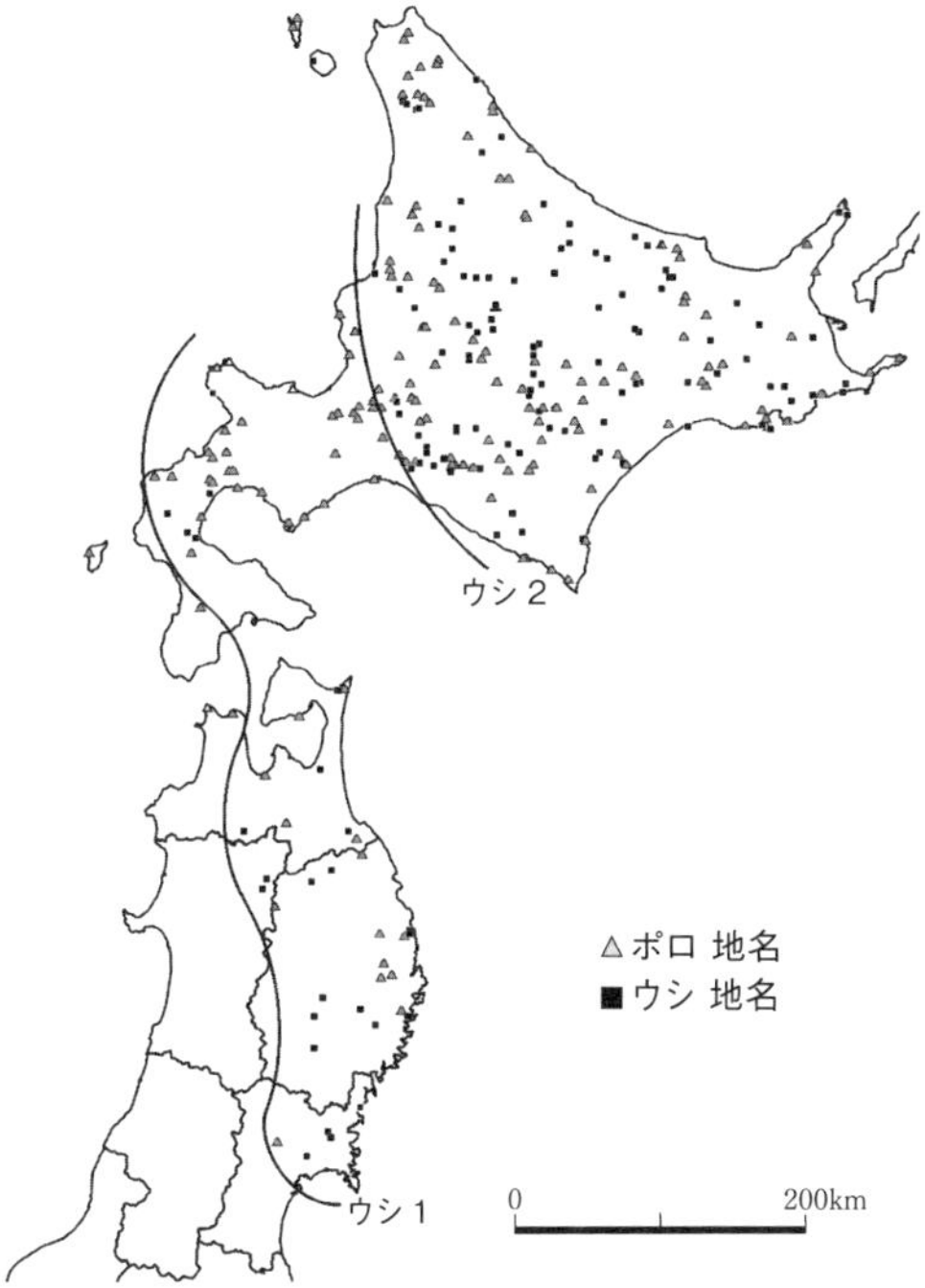

図3　アイヌ語系地名の分布（ポロ・ウシ）

密度七一・一と北海道とほぼ同じです。秋田県で一二九件、密度は一一二・八と北海道よりも高くなります。岩手県は六四・九と青森県よりやや密度が下がりますが、ほぼ同じような密度です。南東北になるとだいぶ少なくなってきます。「ペッ」のほうは北海道には多いのですが、青森県では北海道の半分以下の密度、秋田県ではほとんどなくなっていきます。岩手県は比較的多くありますが、宮城県より南にはほとんどなくなっています。

このような分布のあり方から「ナィ」と「ペッ」は本来分布範囲が異なるとみて良いと思います。秋田では、「ポロ」とか「ウシ」はほとんどみられず、「ナィ」と「ウシ」の境界線がまったく一致していません。逆に「ポロ」や「ウシ」と「ペッ」がよく重なっています。また、樺太は「ペッ」が少なく、千島には「ナィ」がないということを知里真志保などが指摘しています（知里 一九五六）。このようなことから「ナィ」と「ペッ」は、北海道では混在していますが、周辺地域では分布が明らかに異なる地名である、という結論になります。

地名は後世の改変によって分布範囲は変化します。アイヌ語系地名の場合は多くが南からの日本語系言語の影響を受けて改変され、少なくなってきた可能性が考えられます。「ナィ」が密集する境界線は「ペッ」より南側にありますので、改変の可能性が高くなり、現在の「ナィ」の分布範囲が本来と異なっていることが十分にあり得ると思われます。福島、栃木、茨城に「ナィ」がやや多くみられるのはその残映ではないでしょうか。そして

「ナィ」よりも北側にある「ぺッ」の改変は少なく、「ぺッ」の分布範囲は本来の分布ある程度残しているものと考えられます

北海道のアイヌ語地名は、基本的には明治まで使われていました。明治以降でもアイヌ語地名はだいぶ残されています。明治以降北海道には開拓使が置かれて日本人がどんどん移住していき、アイヌ語地名の消滅が危惧されたりしていますが（柴田 一九八七）、それでもアイヌ語地名はかなり残っています。そういう意味ではアイヌ語地名のオリジナルな姿を残しているのは北海道なのですが、その北海道で「ぺッ」が多いということになれば、「ぺッ」のほうが一番新しい地名と考えてよいと思います。

「ナィ」と「ぺッ」は系統や形成時期が異なる言語であると考えられます。ただまったく別の言語というわけではなく、方言のような形で系統が異なるということです。「ぺッ」が「ナィ」より新しく形成された言語であるということが、この分布図を作った結果、わかってきたということになります。

地名と考古学の接点

つぎに、地名の基本的な考え方について少し整理しておきたいと思います。地名というのは言語をもとに付けられるわけですが、言語というのは文化の重要な要素であるという

ことは、すでにみなさんご承知のとおりだと思います。

文化圏というものがありますが、文化圏と言語圏はかなり密接に関連していると考えられます。同じ文化圏であれば同じような言語を共通して使っていたと考えられるわけです。ただし、この文化というのが曲者で、日本で文化というのは幅が広い意味に使われたりしています。たとえば縄文文化は北海道から九州までの大きな範囲ですが、一方、御所野遺跡を含んだ円筒土器文化、南東北の大木《だいぎ》式土器文化という小さな括りもあります。

考古学研究者が文化圏について論じる場合、多くが土器文化圏をさします。しかし文化要素は土器だけではありません。居住の仕方、生業、墓制など多岐にわたります。どの文化要素を取り上げて文化圏とするか、非常に面倒です。

また、地名が長く残るためには、命名者と継承者が必要です。命名者というのはアイヌ語系地名ならば、アイヌ語系の言語を話していた人ということが前提になりますが、継承者はそうとは限りません。たとえば北海道において明治以降本州から日本人が移住し、多数を占めるようになりました。それによって地名が全部変わっていったかといえばそうではなく、アイヌ語地名も残されています。命名者と継承者が同じ言語を使っているとは限らないということになります。

さらに地名は変化するものです。現在残っているアイヌ系地名の分布範囲というものは、日本語系地名への変化・転換によってその範囲が変わってきたという可能性も考えられます。先ほどお見せした分布図の「ナィ」もそのままの状態であるとは限らないわけで、日本語系地名への転換が行われた可能性があります。

一般論として、基礎語彙は世界的に見て、一〇〇〇年に約二割変化するといわれていますが、地名の場合は土地に固定化されていますので、比較的残る可能性が高いと思われます。地名は政治的、政策的変化によって変わることがあります。北海道の例でいえば江戸時代に松前藩が北海道で勢力を形成しますが、それによって地名も変わっていきました。明治の初めにも開拓使が設置され、日本語地名がつけられました。北海道のアイヌ語地名の分布は、開拓使の置かれた札幌周辺、松前藩の本拠の渡島半島の南は希薄になっていきます。昭和にもいわゆる住居表示法によって古い地名がどんどんなくなっていきました。地名が変わるということは一定のスピードで変化していくというより、何らかのきっかけがあって変化していきます。そうしたきっかけを考古学的にどうとらえていくかということが、問題になってきます。

北海道・北東北の環状列石とアイヌ語系地名

つぎにアイヌ語系地名がいつの時代に形成されていたかをみていきます。まず「ナィ」の分布ですが、秋田県から岩手県胆沢郡、閉伊郡のラインですが、これは飛鳥、奈良時代から平安時代の初めごろの末期古墳の南限とほぼ一致します（図4）。そうなると「ナィ」の濃密範囲の形成は七世紀から九世紀ぐらいより以前ということになります。

蝦夷の国境は新潟県北部から宮城県南部にありましたが、宮城県あたりは南部蝦夷社会といって、生活様式がそれより南とあまり変わらなかった社会です。ここよりも北、秋田県の南県境から岩手県の胆沢方面を境目として北部蝦夷社会といって、同じ蝦夷社会でも独特の生活形態を持ち、末期古墳が造られていました。岩手県胆沢・遠野地域から北海道の札幌周辺まで分布しています。この南限が「ナィ」の濃密な分布の南限とほぼ一致して

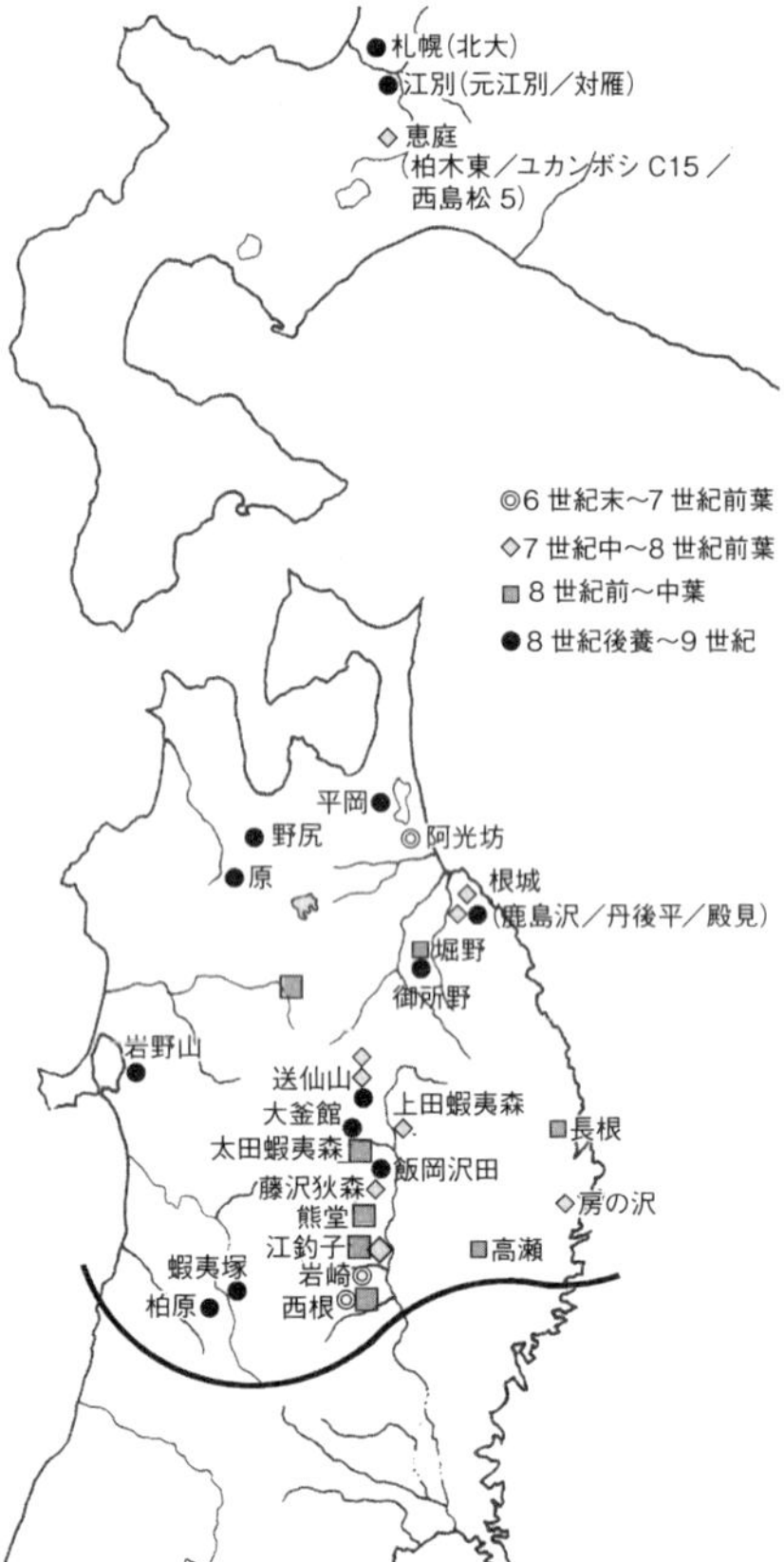

図4　末期古墳の分布（6世紀末～9世紀）

います。

古い時代には東北南部や関東北部もアイヌ語系地名だった可能性があります。福島県や茨城県などに「内」が比較的多い地域があるからです。もしそうであった場合、変化のきっかけとなったのは弥生時代や古墳時代の変化ではないかと考えられます。弥生時代中期に灌漑型水田稲作が東北南部まで東進し、古墳時代前期に前方後円墳が造られています。このような文化要素の変化が、言語の日本語化とともに地名も日本語系に変換されていったのではないでしょうか。その中の一部に「内」が残ったのだろうと考えられます。

一方、「ペッ」の形成時期ですが、先ほど言ったとおり「ペッ」は「ナイ」の内側に分布していますから、本来の分布範囲がある程度残されていると考えられます（図5）。秋田県から岩手県花巻市、遠野市のあたりですが、このラインは四～五世紀の続縄文時代後半期に集落が形成されなかった地域、遊動生活を送っていた地域ともほぼ重なります。「ペッ」の形成は四世紀よりも前ということになります。四世紀よりも前の時代を絞り込んでいくと、「ペッ」の分布範囲に重なる文化圏の上限は、縄文時代後期前葉の環状列石出現の時期に行き着きます。

環状列石は一言で表現すると、葬送と祖霊祭祀の場であり、その意味では環状列石は精神文化を色濃く反映したモニュメントであるわけです。土器の表面にどのような文様を描くかということよりも、もっと根本的なところで大きく変わった時期です。

環状列石は、東北地方では縄文時代後期の中でも古い時代、土器型式でいうと十腰内Ⅰ式の時期に大形のものがつくられ始めます。この時期に集中的につくられた大形環状列石が岩手県北、秋田県の米代川流域、青森県、北海道南部にあります。[*1]

その後も数が少なくなりますが、小形化や変形をしながら、継続的に縄文時代晩期までつくられ続けます。その範囲が「ペッ」がやや多く分布する範囲と重なります。こういったことから「ペッ」の地名は遅くとも縄文時代後期から晩期に形成されたと考えることができます。[*2]

具体的に遺跡を見ていきますと（図6）、大形環状列石の代表的なものに秋田県の大湯環状列石があります。そのうち西側の万座は、二重の環になっていて、そのまわりに六本柱建物跡があります。これは死者を一時安置する殯《もがり》の施設という説があります。墓壙《はかあな》もみられ、死者の葬送、祖先の霊を崇拝する空間として造られたと考えられています。

八幡平市の釜石環状列石は小形の環状列石です。小形の多くは直径が一〇メートル以下ですが、釜石遺跡は一二メートルとやや大きく、中央で火を焚いてマツリを行ったような跡があり、ほかにも石組がみられます。

このような典型的な環状列石については研究者の間でもほとんど異論がありませんが、岩手県滝沢市の湯舟沢Ⅱ遺跡などの場合は環状列石の範疇に入れない考えもあります。[*3]御所野遺跡でも環状列石に似たものが出てきています。石を使った墓が確認されていますが、

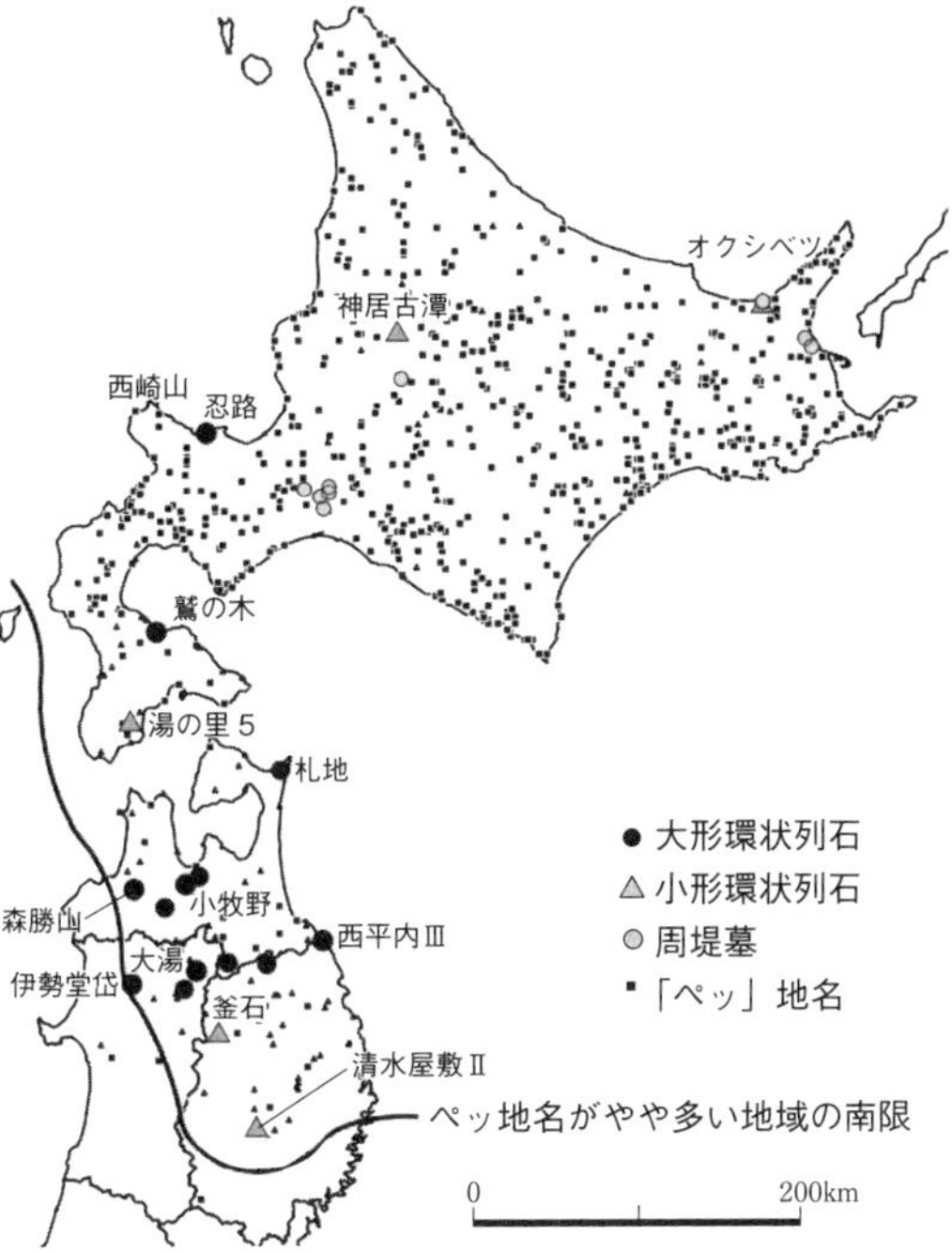

図5　アイヌ語系地名「ペッ」とおもな環状列石・周堤墓の分布

図6　大湯環状列石（秋田県鹿角市）と
湯舟沢II遺跡（岩手県滝沢市）の石列

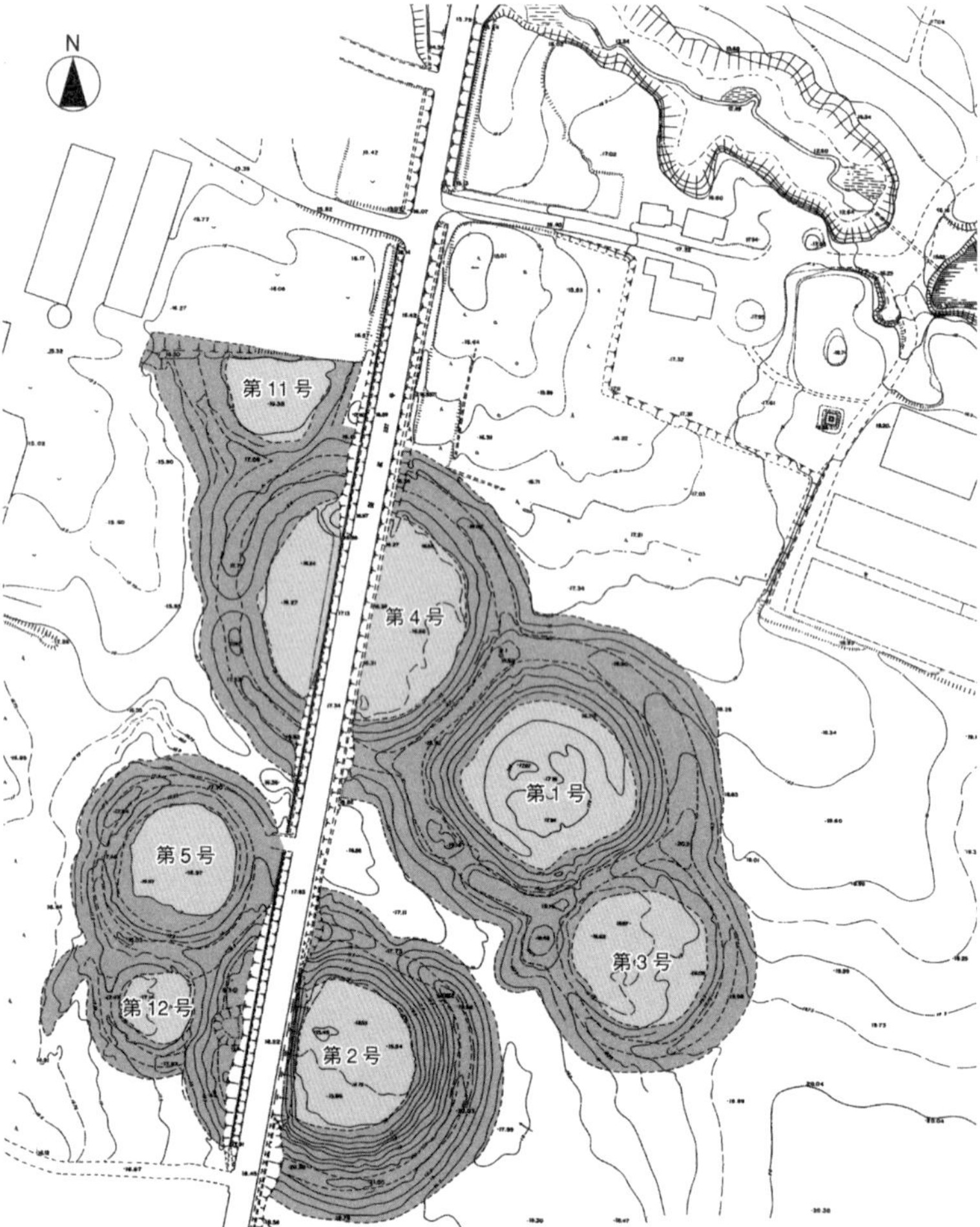

図7　キウス周堤墓群（北海道千歳市、大谷敏三 2010 より）

墓の上に石を配置したもので、葬送が主であろうと考えられます。環状列石ではなく「環状配石墓」と呼ばれています。ただしまわりには六本柱の建物跡がありますので、大湯環状列石の原型と考えることができます。

環状列石と性格が似たものに北海道の周堤墓（環状土籬）があります（図7）。環状の盛土の内部に墓を作っているものです。[*4] 千歳市キウス周堤墓周辺では二八基が確認されており、最大の二号周堤墓は外径七五メートル、内径三四メートル、高さ五・四メートルと、大規模です。周堤墓の時期は縄文時代後期後葉と、環状列石の登場より遅れます。また分布は北海道中央部の千歳市周辺に密集し、知床半島の付け根付近などにも分布し、地域的なかたよりがあります。今後の調査の進展によって各地での発掘例が増えると期待されます。

先ほど文化の捉え方の難しさについて話しましたが、周堤墓と環状列石は見た目がまったく違います。使う材質も違うし規模も違う、違った文化だと捉えられるかもしれません。しかしこういうモニュメントを作って、墓にしたり祖霊祭祀の場にしたりというのは共通の文化であろうと考えられます。外見は違うけれども、同じ意識のもと作られた、そうするとこの地域も同じ考え方、文化、言語を持っていた人たちと考えることができるだろうと思います。

最後にまとめてみます。「ナイ」「ペッ」のアイヌ語系地名は縄文時代に形成されたものと考えられます。そして「ペッ」の分布の南限は環状列石の分布と重なるため、遅くとも縄文時代後〜晩期に形成されたとの結論になりました。北海道では環状列石に加え周堤墓もつくられ、同一の文化圏を形成したと考えられます。そして縄文時代に形成されたアイヌ語系地名が現代まで伝わり、私たちもその地名を使っています。縄文時代の文化の一端が私たちの社会にも生きているのです。

今後、この研究をさらに実証的に進めていくにはさまざまな問題がありますが、アイヌ語系地名というものが縄文時代までさかのぼるという見通しについて、、具体的に提起することができたかと思います。

＊1　環状列石は縄文時代中期後葉の関東中部地方にもみられます。おもに集落中央部の広場を画するような石列や敷石住居と連結する石列など、おもに集落内の施設として現れており、葬送との関連は薄いようです。後期になると配石墓群が増えてきます。東北北部の環状列石の成立について、関東中部地方の環状列石の影響を受けて成立するという考え（阿部 二〇一八など）や、東北北部内部での中期からの変遷でその成立を考える説（小杉 二〇一三）などがあります。いずれも後期前葉（十腰内Ⅰ式期）までに空白期間があるなど課題があり、十分に解明されていません。また環状列石そのものの定義が研究者によって異なり、たとえば湯舟沢Ⅱ遺跡の石列を環状列石とみる見方と配石墓などとみる考えがあります。

今後、環状列石そのものの研究に加え、十腰内Ⅰ式という個性的な土器の系譜や土偶、石棒のあり方、さらには集落の動態などともからめた複眼的な研究が望まれます。そして環状列石登場の時期が縄文時代の大画期の一つであることが明らかになるものと期待されます。

＊2　アイヌ語系地名の成立時期については、続縄文時代後半期に北海道から東北北部にかけて共通の土器型式が広く分布することなどから、縄文晩期から続縄文時代後半期までにアイヌ語系地名が東北地方で形成

されたとする説（松本 二〇一三）や、ほぼ続縄文時代後半期に限ってアイヌ語系地名が残されたとする説（瀬川 二〇一五）があります。しかし、この時期の人口密度は稀薄で、広域にアイヌ語系地名が命名され定着する時間としてはかなり短いのではないかと思われます。

＊3　湯舟沢Ⅱ遺跡では弧状や直線に石が並んでおり、その下部から墓壙らしき穴がいくつも確認されています。また南北二三・五メートルの間に高低差が二メートルの緩斜面にあり、祭場としての平坦部が意識されていません。中央の直線部分は配石墓で、弧状の石列は墓域の区画などの意味があったものと考えられます。私も講演時には環状列石としていましたが、本書で修正します。

＊4　環状列石と周堤墓の関係について、函館市石倉貝塚の墓地をともなう環状盛土は環状列石に通じるものであり、周堤墓とも共通することから、この貝塚を介在させて両者を結びつける説があります（小杉 二〇〇一）。

参考文献

知里真志保　一九五六『地名アイヌ語辞典』楡書房
山田秀三　一九五七『東北と北海道のアイヌ語系地名考』楡書房
柴田　武　一九八七『柴田武にほんごエッセイ1　ことばの背後』大修館書店
アポック社出版局　一九九三『新日本地名索引』
金田一京助　一九九六「北奥地名考」『金田一京助全集』6、三省堂（初出一九三二『東洋語学乃研究』）
小杉　康　二〇〇一「巨大記念物の謎を探る」『新・北海道の古代一　旧石器・縄文文化』北海道新聞社
小杉　康　二〇一三「大規模記念物と北海道縄文後期の地域社会について（予察）」『北海道考古学』第四九輯、北海道考古学会
大谷敏三　二〇一〇『北の縄文人の祭儀場　キウス周堤墓群』シリーズ「遺跡を学ぶ」〇四七、新泉社
松本建速　二〇一三「本州東北部にアイヌ語系地名を残したのは誰か」『考古学研究』第六〇巻一号、

考古学研究会
板橋義三　二〇一四『アイヌ語・日本語の形成過程の解明に向けての研究』現代図書
瀬川拓郎　二〇一五『アイヌ学入門』講談社現代新書
筒井　功　二〇一七『アイヌ語地名と日本列島人が来た道』河出書房新社
八木光則　二〇一七「アイヌ語系地名と蝦夷」『古代国家と北方世界』同成社
阿部昭典　二〇一八「環状列石の出現に関する研究（1）」『縄文時代』二九、縄文時代文化研究会

あとがき

「北海道・北東北の縄文遺跡群ということですが、縄文文化全体と違うのですか」とは、よく聞かれることです。

本書では、北の縄文文化の特徴のひとつとしてストーンサークル、環状列石に焦点をあて、御所野縄文博物館が開催している世界遺産講演会の中から、北海道・北東北で調査研究活動をしている四人の方々の環状列石にふれた講演を収録しました。

それぞれの講演会は次のように開催しています。

「平成二十五年度世界遺産講演会」（二〇一三年六月二日、御所野縄文博物館）

小杉　康「世界遺産と縄文文化」

「平成二十四年度御所野縄文博物館企画展「縄文時代の墓」講演会」

（二〇一二年十月七日、御所野縄文博物館）

小林　克「埋めない墓：環状列石と墓」

「平成二十七年度世界遺産講演会」（二〇一五年二月七日、御所野縄文博物館）

大島直行「縄文世界遺産の価値は〈シンボリズム〉にあり」
「平成二十九年度世界遺産講演会」（二〇一八年三月二十五日、御所野縄文博物館）
八木光則「北海道・北東北の環状列石とアイヌ語系列の地名」

講師の方々には本書刊行についてご承諾いただくとともに、講演をもとに原稿を作成していただきました。また新泉社の竹内将彦さんをはじめスタッフの皆さんにお世話になりました。衷心より御礼申し上げます。

なお講義録の作成や編集は、御所野縄文博物館の久保田太一、菅野紀子とともに、いちのへ文化・芸術NPOの後藤宗一郎を中心に、中市日女子、木村由美子、松田真美子、鈴木雪野、峠由香が、そのほか久保田滋子、峠チエが図版作成等を担当しました。また掲載した写真は御所野遺跡以外については、巻末に記した各教育委員会や関係機関から借用しました。併せて御礼申し上げます。

縄文文化の本質が多くの方々に理解され、遺跡が末永く保存されていくことを期待します。

御所野縄文博物館館長　高田和徳

執筆者プロフィール

小杉　康◎こすぎ やすし／埼玉県出身。日本学術振興会特別研究員、明治大学文学部助手、北海道大学文学部助教授を経て、二〇〇八年より同大学院教授。主な著作に『縄文のマツリと暮らし』先史日本を復元する三（岩波書店、二〇〇三年）、『心と形の考古学——認知考古学の冒険』（編著、同成社、二〇〇六年）、『縄文時代の考古学』全一三巻（共編著、同成社、二〇〇七〜二〇一〇年）、『はじめて学ぶ考古学』（共編著、有斐閣、二〇一一年）

小林　克◎こばやし まさる／秋田県出身。文化庁記念物課調査官を経て、秋田県埋蔵文化財センター所長。二〇一七年定年退職。現在、三内丸山遺跡発掘調査委員会委員長。主な著作に『ここまでわかった日本の先史時代』（分担執筆、角川書店、一九九七年）

大島直行◎おおしま なおゆき／北海道出身。伊達市噴火湾文化研究所長を経て、現在、札幌医科大学客員教授（人類学）。主な著作に『月と蛇と縄文人——シンボリズムとレトリックで読み解く神話的世界観』（寿郎社、二〇一四年）、『縄文人の世界観』（国書刊行会、二〇一六年）、『縄文人はなぜ死者を穴に埋めたのか』（国書刊行会、二〇一七年）

八木光則◎やぎ みつのり／北海道出身。盛岡市教育委員会を経て、現在、岩手大学平泉文化研究センター客員教授。主な著作に『古代蝦夷社会の成立』ものが語る歴史二一（同成社、二〇一〇年）、『いわて民衆史発掘』（東洋書院、二〇一八年）、『北奥羽の古代社会——土器変容・竪穴建物と集落の動態』（分担執筆、高志書院、二〇一九年）

高田和徳◎たかだ かずのり／岩手県出身。岩手県教育委員会文化課、一戸町教育委員会社会教育課を経て、現在、御所野縄文博物館館長兼世界遺産登録推進室長。主な著作に『御所野遺跡Ⅰ——縄文時代中期の大集落跡』（一戸町教育委員会、一九九三年）、『縄文のイエとムラの風景　御所野遺跡』シリーズ「遺跡を学ぶ」〇一五（新泉社、二〇〇五年）、『火と縄文人』（編分担執筆、二〇一七年、同成社）

写真提供（所蔵）

口絵　鹿角市教育委員会／北秋田市教育委員会／弘前市教育委員会／青森市教育委員会／森町教育委員会／平川市教育委員会／（公財）岩手県文化振興事業団埋蔵文化財センター／二戸市埋蔵文化財センター

本文　60頁図1：北海道立埋蔵文化財センター／92頁図1：東京大学総合研究博物館／94頁図2右：青森市教育委員会／99頁図4：青森県埋蔵文化財調査センター／100頁図5左：秋田県埋蔵文化財センター／100頁図5右：北秋田市教育委員会／107頁図8：森町教育委員会／115頁図12：個人所蔵／115頁図13：青森市教育委員会／135頁図2：北海道立埋蔵文化財センター／138頁図4：国立市教育委員会／139頁図5：©haulo - stock.adobe.com／161頁図6右：鹿角市教育委員会／161頁図6左：滝沢市埋蔵文化財センター　上記以外は各執筆者

御所野縄文博物館（御所野縄文公園）
岩手県二戸郡一戸町岩舘字御所野二
電話／〇一九五－三二－二六五二
ホームページ／http://goshono-iseki.com
開館時間／午前九時～午後五時（展示受付は四時半まで）
休館日／月曜（祝祭日の場合は翌日）、祝祭日の翌日、年末年始
展示室入館料／一般三〇〇円、高校・大学生二〇〇円、
小中学生一五〇円
交通／東北新幹線二戸駅から車で約十五分、
IGRいわて銀河鉄道一戸駅から車で約五分

環状列石ってなんだ
御所野遺跡と北海道・北東北の縄文遺跡群

二〇一九年三月三十日　第一版第一刷発行

編者――御所野縄文博物館

発行所――新泉社
東京都文京区本郷二－五－一二
電話　〇三－三八一五－一六六二
ファックス　〇三－三八一五－一四二二

印刷・製本――萩原印刷

ISBN978-4-7877-1819-8　C1021

世界から見た北の縄文

御所野遺跡と北海道・北東北の縄文遺跡群

御所野縄文博物館編　Ａ５判変型一六四頁／一八〇〇円＋税

日本列島という枠をとりはずして、縄文文化の特色を考える。

世界から見た北の縄文（高田和徳）／世界遺産で何が求められているのか（鈴木地平）／世界から見た縄文文化（羽生淳子）／東北アジアから見た縄文文化（大貫静夫）／先史時代の暴力と戦争（松本直子）／文化人類学者が語る御所野遺跡の価値と魅力（ジョン・アートル）

シリーズ「遺跡を学ぶ」15

縄文のイエとムラの風景

御所野遺跡

高田和徳著　Ａ５判九六頁／一五〇〇円＋税

岩手県一戸町の縄文集落・御所野遺跡からは五〇〇軒以上の竪穴住居跡が見つかっているが、発掘調査から、その屋根には土が厚く被さっていたことがわかった。そのムラの景観を明らかにし、実験的に復原していく試みを描く。